他人を支配したがる人たち

身近にいる「マニピュレーター」の脅威

ジョージ・サイモン

秋山　勝＝訳

草思社文庫

IN SHEEP'S CLOTHING
Understanding and Dealing with Manipulative People
by
George Simon, Jr., Ph.D.

他人を支配したがる人たち●目次

はじめに　うわべは「いい人」。だがその素顔は…

「応援するよ」と励ましながら、部下の昇進をにぎりつぶす上司がいる。同僚は同僚で、上役の歓心を買うためならひそかに仲間を陥れようとする。愛を口にして気づかう夫や妻は、どうやら相手の人生を思いのままにしたいらしい。親の心の弱みを知る子どもは、自分のわがままを押し通すためなら、親の心の急所のボタンをためらうことなく押しつづける。

人を追い詰め、その心を操り支配しようとする者――「マニピュレーター」は、聖書に書かれた「ヒツジの皮をまとうオオカミ」にじつによく似ている。人あたりもよく、うわべはとても穏やかなのだが、その素顔は悪知恵にあふれ、相手に対して容赦がない。ずる賢いうえに手口は巧妙、人の弱点につけこんでは抜け目なくたちまわり、支配的な立場をわがものにしている。

自分の望みを果たすためならオオカミたちはとことん闘いつづける。だが、一方で好戦的なその意図だけはとにかく他人の目から隠そうと必死だ。こうした人格の持ち主たちを「潜在的攻撃性パーソナリティー」と私が呼んでいるのも、彼らにうかがえるそんな特徴のせいにほかならない。

臨床心理学者としてクリニックを営み、人の心の「攻撃性」の問題に二十年以上にわたって取り組んできた。そもそも私がこんな研究を始めたきっかけは、激しい気分の落ち込みや神経症、あるいは心の不安定などの症状を訴える来談者のなかに、潜在的攻撃性の持ち主、つまりひそかに他人の心を操作し、支配しようとするオオカミたちと、なんらかのかかわりを持つ人たちが少なからずいたからなのである。そして、被害者はもちろん、加害者であるオオカミに対しても私がカウンセリングを行っているのは、いつもの要領でみずからの欲求を満たし、人を支配することができなくなったことが原因で、加害者自身ももがいていたからにほかならない。

人をおとしめ、相手を思いのままに支配しようとする行為がいかに広く社会にはびこっているか、そしてこうした行為がどのようなストレスを人間関係におよぼしているか。その実情がカウンセリングを通して見えてくる。

相手の言いなりから逃げられない

攻撃性を潜在的に隠し持つ者たちがどんな問題を社会にもたらしているかについては、いまさら指摘する必要などないのかもしれない。他人を思いどおりに操ろうとする者のことなら、誰でもなにがしかの心当たりがきっとあるはずだ。多くの人を食いものにして、あざむきつづけた者が引き起こした事の顚末について、マスコミが報じない日はないだろう。だが、オオカミたちの正体が暴かれたのは運命がもたらしたたまたまの偶然。事件にでもならなかったら、その本性は白日のもとにさらされることもなかったにちがいない。

テレビ画面の向こうで、愛と誠実、慎みの大切さを説きつづけていた福音伝道師は、そのかたわらで妻をだまして不貞を働き、信者から金品を巻きあげていた。公共への奉仕を誓った政治家は私腹を肥やして逮捕されている。精神的指導者だった導師《グル》は、みずからを神の化身だと多くの信者をたぶらかしたばかりか、そのあいだにも信者の子どもたちに性的ないたずらをくりかえし、異議を唱える者に対しては陰険な恫喝《どうかつ》を行っていた。

世界はこんな強者《つわもの》たちであふれかえっているとさえ思えてくる。

ヒツジを装う凶悪なオオカミは、新聞の一面を騒がせて世間の目をくぎづけにし、なぜ彼らはこんな行為におよんだのかとこちらの興味をかき立てずにはおかない。けれど、そんな興味に心を奪われ、肝心の注意をお留守にしてはならないだろう。私たちが毎日の生活で出会う潜在的攻撃性の持ち主は、新聞が書き立てるような怪物じみた印象などまとってはいない。多くは職場の同僚や知人であり、あるいは家族として同じ屋根の下に住んでいる者なのかもしれないのだ。いささか悪知恵にとんで陰口が大好き、簡単には信用できない小ずるさを隠し持った隣人たちなのである。とはいえ、こうした人たちは人の人生を見るも無惨な状態に陥れる力に満ちている。

どうしてこの人はこんな真似をするのだろう——被害者は、どうあがいても相手の本性が理解できず、その応じ方さえわからない。ただ一方的にいたぶられて、悲嘆にくれるよりほかはないのだ。精神的な助けを求めて私のもとを訪れても、どうして自分の気分がこれほど激しく落ち込んでいるのか、はじめのうちは被害者本人もまったく見当がつかない。困惑して不安にかられるだけで、すっきりとした気分など望むべくもない。だが、しばらくカウンセリングをつづけていると、被害者たちもやがて語り始める。ある人物と向かい合っていると、なぜか怒りがこみ上げてきてどうしようもないのだ。その人物のことはまったく信じてはいない。なぜ信用できないのかは当の本人にもよくわからないが、猛烈な怒りを感じても、最後に引け目を覚えるのはどういうわけだか自分のほうだ。

相手の言動に詰めよっても、結局は自分がやりこめられている。一歩も引かないと決心していたのに、やはりなぜか押し切られてしまう。「ノー」と言う覚悟でいたのに「イエス」という言葉が口をつく。なんとか状況を変えようとしても、何ひとつ変えることができない。そんな自分に失望をくりかえすばかりで、いらだちはますます募っていく。

煙に巻かれ、いいように利用されたあげく、最後にははずかしめを受けたような思いしか残らない。

だが、さらにカウンセリングをつづけていくと、来談者にも原因を悟るときが訪れる。そんな人間でありながら、相手の事情をおもんぱかってきた。できればその性格を理解したうえで相手のふるまいをただそうとしてきた。しかし、そんな思いとは裏腹に、何度試みても相手の言動は変わらない。こちらの思いも虚しく、努力はいつも徒労に終わってしまう。

じつは、これほどみじめな思いにさいなまれていたのは、たび重なるこんな徒労のくりかえしが原因だったのである。

これまでの心理学ではとらえられない

私のクリニックの来院者には、知性や機知に恵まれ、いわゆる心理学というものに通じている人も少なくない。けれどもそれほどの人たちでさえ、潜在的な攻撃性を秘めた者を相手にした場合、その人格を理解したうえで対応しようと試みても、これという結果は得られない。それればかりか、情況をさらに悪化させているとしか思えない方法で応じているのがほとんどだった。

もっとも、最初のうちは私の方法もこうした人たちとたいしたちがいはなかった。専門家なりの学識と訓練をベースに、ありとあらゆる治療や対策を試みた。だが、いずれの方法も相談者の気持ちを多少なりとも落ち着かせることはできても、加害者と被害者との関係に具体的な変化をおよぼすほど十分な効果をあげることはなかった。

自分の対応がオオカミたちになんの影響も与えられない事実に私は当惑していた。何かが根本的に誤っているのにちがいない。これまでの精神分析のアプローチでは、潜在的攻撃性をひめたマニピュレーターを相手にすることはできない。そうした事実を認めた私は、効果的で実践的な対応策を講じるために細心の注意をもって研究を始めた。

本書で紹介するのは、マニピュレーターとされる人たちの人格をどのように把握するか、その新たな考え方だ。ここで示されている考え方にしたがってもらえるのなら、これまでの手法よりもさらに的確にこうした人たちの特徴を把握し、より正確に相手の行動を見極めることができるようになるだろう。

潜在的攻撃性パーソナリティーとは何かについても説明するとともに、どうして私がこの攻撃性が他者との関係操作《マニピュレーション》のなかでもその核心をなすものだと考えるのか、その理由についても説明したい。また人格というものについて、とくに注意を必要とする側面を中心にした説明を試みるが、従来の精神分析では、これらはしばしば無視されつづけてきた。

人はどうしてこんな行動におよんでしまうのか。本書で私が紹介する考えは、これまで通念とされてきた考えに異を唱えるものであり、そして自明のものとして信じられてきた人間観こそがマニピュレーターの被害を招く素地となっている事実を解き明かしていく。

「気配」を感じ、「手口」を知り、「撃退」する

私がこの本でめざしているのは三つの目的をとげることにある。ひとつは、潜在的攻撃性パーソナリティーの特質とともに、パーソナリティー障害全般について熟知してもらうこと。攻撃性パーソナリティーのさまざまなタイプを見渡したうえで、潜在的攻撃性パーソナリティーが抱えているきわめて特異な性質についてふれていきたい。

説明を進めるにあたっては、いずれも実際にあったケースを例にまじえた。潜在的攻撃性パーソナリティーがどんなふうに人間関係を操り、人を支配するのかがご理解いただけるとともに、こうした人たちが漂わせている特有の〝気配〟も感じてもらえるはずだ。オオカミの正体を見抜き、何を相手がたくらんでいるのか予想することは、関係操作の被害を免れるための最初の一歩なのだ。

二番目のねらいは、潜在的攻撃性の持ち主たちがどのようにして人を踊らせ、関係を操って相手を支配するのか、その点をあますところなく解明する点にある。「潜在的」「顕在的」といったタイプを問わず、好戦的なパーソナリティーの持ち主は、練りに練った

手口や策略を駆使してとにかく人のうえに立とうとする。だから、そのやり口に通じていれば、攻撃と同時に相手の意図が見抜けるので被害を免れることもより容易になる。

その一方で多くの人たちに見受けられる、オオカミたちを招き寄せてしまう性格的な特徴に関しても触れておきたい。自分の性格のどんな部分を相手は標的としているのか、被害を避けるためには自分の弱みを知ることもまた欠かせない対策だろう。

三番目の目的は、潜在的攻撃性などの人格の持ち主を相手にするとき、誰にでも効果的に対処できる方法を具体的に紹介する点にある。好戦的な相手との関係を見直すため、それに不可欠なルールを提案するとともに、自分自身の心の力を高める方法を詳しく説明する。相手のふるまいを正そうとするたび、こちらの気持ちが滅入るという自滅的な悪循環はこの方法を知ることで打ち破ることができるはずだ。

さらに言えば、こうした対策を備えられれば、一度はオオカミたちの犠牲となった人も、より自信をもって自分を支配しようとする相手に立ち向かっていけるようになる。マニピュレーターの可能性を秘めた人間と遭遇した場合、自分がどのように対応できるか心得ておくのは、相手のたくらみを回避して被害を受けるのを阻むばかりか、自分の人生の主人公は自分自身であるのを相手に思い知らせることにもなるのだ。

本書の執筆にあたっては、この問題を正面から受けとめ、すぐに使える内容を盛りこむ一方で、単刀直入を心がけ、ご一読で納得いただけるように書き進めた。専門家はもちろん、一般の人たちにもご理解いただけるよう努めたが、いずれの方たちにもお役に立てることを願ってやまない。

治療者の場合、従来の学説に固執し、症状を分類したうえで治療を試みるあまり、犠牲者をかならず求めつづけようとするマニピュレーターの性格と挙動に関し、いつまでもその誤りを訂正できないばかりか、うかつにもこうした誤解を強化している場合がある。本書でマニピュレーターに対する新しい知見を提案するのは、治療者はもちろん一般の方々がいたずらにその被害を拡大させてしまうのを防ぐためでもある。

パート

I

マニピュレーターの正体

プロローグ　誰も気づかない「攻撃性」

「おかしいのは、私のほう？」

こんな話に聞き覚えはないだろうか。屈折した思いを整理できない主婦がいる。子どもの成績は絶対にオールAだと言い張る夫に腹が立ってしょうがないのだ。だが、そんな夫に怒りを抱く自分は正しいのだろうか。

オールAは無茶だと訴えても、「親なら、学校や人生で子どもが成功するのを願うものじゃないか」と言い返されれば、自分が思いやりに欠けた親ではないかと思えてくる。夫と意見が衝突するたび、なぜか最後には憎まれ役になっている自分がいる。

子どもの成績よりも本当はもっと深刻な問題が潜んでいるのかもしれない、そう考えて一家でカウンセリングを受けないかと夫に切り出せば、「オレの頭がおかしいとでも言うつもりか？」と言われ、こんな話を持ち出した自分に罪悪感すら覚えてしまう。

夫とは何度も話し合って訴えてきたが、気がつくといつも向こうの言いなりだ。本当の問題は夫のほう――そんな思いになんどもかられた。自分勝手でいながら人にはとにかく厳しい。頭ごなしにあれこれ命じ、なんでも思いどおりにしなければ気がすまない。けれど、そんな夫は、誠実で頼もしい一家の柱、地域のメンバーとして信頼も厚い。「非難してはだめ」。そうは思っても、怒りはやまず、いらだちも抑えられない。「それとも、おかしいのは自分のほう」。そんな思いがいつも頭をよぎってしまう……。

もうひとりの母親は娘のことを理解しようと必死だった。

あんな子どもが「家を出ていく」なんて本気で口にするはずがない。「みんなが私を嫌っている」「生きていてもしょうがない」と言うのは、何かに脅えているか、不安にさいなまれ、ひどく落ち込んでもいないかぎりありえるはずはない。

「あの子はまだまだ子ども」。そう考えるようにしているが、幼いころの娘は自分のわがままが拒絶されるたび、顔が真っ青になるまで体をこわばらせたり、ひどいかんしゃくを起こしたりするような子だった。今度も誰かに厳しく注意されたとか、あるいは欲しいものを手に入れたいばかりに、こんなことを言っているようにも思えてくる。

だが、そうは思っても不安は消えない。「もしも、本気だったら」「知らないうちに娘の心を傷つけ、自分はそれにまったく気がついていなかったら」と思い悩む。自分の子どもが感情的にふるまって、わざと親をいたぶっているとは考えたくはない。けれど、娘が本当に傷ついているかどうか、それを確かめるチャンスがあるとも思えない。子どもが不安定な行為におよぶのは、心に不安や脅えを抱えているからというではないか。だったらなおさらのこと、わざとやっているとは思えない……。

見えない戦争の始まり

ここで紹介したふたりの女性は、いずれも自分の〝直感〟を信じようとはしなかった。無意識のレベルでは、守りを固めろと感づいていたにもかかわらず、それを無視するように、自分の支配をたくらむ相手をオオカミと素直に認めることができなかった。相手は自分に攻撃を加えていると感じる一方で、本能のささやきにすぎないこのカンを裏づけるたしかな証拠を見つけることができない。相反するそんな思いに引き裂かれ、結局心の安定をなくしていった。

ふたりとも正気を失ったというわけではない。そもそも人間は四六時中、つねに他者と闘いをくりひろげている生き物なのだ。なかでも、人の心の操作に長じたマニピュレーターはこうした闘いのエキスパートで、巧妙な手口を駆使するその攻撃を見破るのはほとんど不可能に等しい。ねらわれたら最後、自分が巻き込まれていたと気づいたころには、すでに相手の支配下にあって、もはや取り返しのつかない劣勢に立たされている。

ひとたび相手の侵犯が始まれば、対人間関係における支配的な立場や優劣、あるいは損得をめぐる闘いが続くが、その攻撃に気づくことはきわめて困難なのだ。そして、こうした発見を困難なものにしているのが、人を操作《マニピュレーション》するという行為の核心に潜んでいる潜在的攻撃性というパーソナリティーにほかならない。

正しい攻撃性とゆがんだ攻撃性

闘争に対する人間の衝動は生存本能とごく近しい関係にある。[*1]人は闘うことでみずからの命を永らえ、子孫を繁栄させてきたのだ。だが、こうした闘いの多くはたんなる暴力でもなければ破壊衝動につき動かされたものでもない。

　専門家のなかには、闘争本能に過剰なストレスがかかると、激しい勢いで破壊衝動を引き起こす場合があると説く学者がいる。[*2]ごくまれなケースとして、きわめて穏やかな環境で育ったにもかかわらず、生まれついての攻撃性、しかも、きわめて凶暴な攻撃傾向を先天的に帯びたタイプが存在すると指摘する専門家もいる。

　なぜ破壊的な攻撃性をもつ人物が現れるのかについては、過剰ストレス要因説、遺伝的傾向説のほかにも、学習パターン強化説、さらにはこうした要因がたがいに結びついたものだとする説といろいろだが、攻撃性それ自体と破壊的な凶暴性はまったく別ものだという点で専門家たちの意見は一致している。

　以上の点から、この本では「攻撃性」という言葉を次のような意味で使っていくことにしよう。つまり攻撃性とは、人間が日々の生活でなにごとかをなしとげるために費やす力、エネルギーに満ちたその力こそが攻撃性という考えだ。このエネルギーを使うことで人間は危機を克服し、みずからを向上させていく。欲するものを手に入れ、快楽を感じ取ることができるのもこのエネルギーのおかげだ。障害があれば、攻撃性をかりたてて徹底的にそれを排除して乗り越えようとしていく。

日々の生活のなかで人間は、当の本人が意識する以上に他人に対して闘いを挑んでいるものだが、こうした衝動は生存の基礎を支える人間の生まれながらの性質だ。人間に宿るこの本能的な性質を否定する人たちは、よちよち歩きの幼児でさえ、お気に入りのおもちゃをめぐって争うという場面に出くわしたことはないのだろうか。それとも、人間性がむき出しになった姿を目の当たりにした事実などつごうよく忘れてしまった人なのかもしれない。

人間の文化もまたこの攻撃性に色濃く染められている。利益をめぐる政党間の熾烈《しれつ》な論争は私たちが生きる議会制度の特徴であり、もちろん企業社会では競合があたりまえ。さらに原告と被告が双方で争う司法システムにいたるまで、人が生きているこの社会には闘争の糸がおびただしい数で織り込まれている。

個人もまた人を相手にして訴訟を起こし、夫婦はひとたび離婚を宣告すれば子どもの親権をめぐって闘いをくりひろげる。限られた職を求めて競い合うこともあれば、特定の目的や価値観、あるいは信仰や理念をめぐっても人は争わずにはいられないものなのだ。

精神医学者のアルフレッド・アドラーはかつて、人間には社会的な優越性をかぎりなく追い求めてやまない一面があると指摘した。[*3] アドラーが指摘するとおり、人は公私にわたる優位性を勝ちとるため、権力や名声、確固たる地位を求めてたがいにしのぎを削っている。

実際、日常生活のさまざまな局面で人はかぎりなく争いをくりかえしているが、これが人間のうそ偽りのない姿なら、人間とはつねに攻撃の機会を求めている存在であり、その唯一の例外のときこそ、人を愛している状態なのだと言ってもさしつかえはないだろう。

闘争それ自体は過ちではなく、ただ災いをもたらすだけの行為でもない。それどころか、みずからの正当な権利を堂々と主張するのは、多くの場合、人として不可欠な行為であり、そして前向きな営みでもあるのだ。相手の権利と主張を尊び、いたずらに傷つけることがないよう十分に配慮され、そのうえで自分が本当に欲するものをめぐって競い合うのであれば、それは〝自己表明《アサーティブ》〟としてこのうえない評価を得ることもできるだろう。

こうした自己主張は、それをきちんと行えるのも、人間としてもっとも健康的だからであり、決してないがしろにしてはならない行為のひとつでもある。目的の実現を通じて自分を主張する方法を学び、その過程を通じ、やがて不健全な依存を克服して、自立の意志や能力がはぐくめるのなら、それはそれでなによりもすばらしい営みなのだ。

だから、やみくもに競い合うことばかりに終始して、相手がこうむる影響に対して適切な配慮を欠いているようでは、その行為はまちがいなく〝好戦的《アグレッシブ》〟だという烙印を押される。文明化された社会においては、無謀な闘争（攻撃性）はかならず問題を引き起こしていると言っていい。

人間は生き物としてたしかに好戦的な〝種〟ではあるが、この事実は人とは生まれながらにして〝邪悪〟という欠点を宿していることを意味しない。精神科医カール・ユングの説[*4]にしたがうのなら、邪悪とは、時に攻撃行動そのものに根ざすとはいえ、そのほとんどは闘争本能という人間の気質を〝飼い慣らす〟ことに失敗した結果にほかならない。

なぜオオカミたちに潜在的攻撃性が多いのか

くわしい説明はあとになるが、攻撃行動は基本的にふたつのタイプに大別することができる。「潜在的攻撃性」と「顕在的攻撃性」だ（このほか「反応的攻撃性」と「略奪的攻撃性」、あるいは「反応的攻撃性」と「道具的攻撃性」に二分されることもある）。

みずからの目的や到達点をきちんと定め、その実現や獲得に向けて、うそ偽りのない、明白な態度で人と競い合うのなら、それはまぎれもない顕在的攻撃性に分類される。だが、〝勝つ〟ことに執着するあまり、手段は選ばず、その意図を隠すために、陰にまわって人をあざむくのなら、そんな行動は潜在的攻撃性だと考えたほうが適切だろう。

そして、関係操作の手口として、攻撃意図をおしかくし、それでいて相手を威嚇しながら屈服を強いるような行為はきわめて高い成果をもたらす。じつは、ほとんどのマニピュレーターが潜在的攻撃性の持ち主であるのはそんなところに理由があるのだ。

攻撃の気配さえ押し殺している

人のタイプを判断するときに「受動攻撃性」という言葉を私はよく聞くが、この場合、当の本人は受動攻撃性ではなく、潜在的攻撃性であることが少なくない。人を攻撃する意図をあからさまに示さない点で潜在的攻撃性と受動攻撃性はよく似ているが、じつはこのふたつはまったく異なるタイプの攻撃性なのだ。

「受動」という言葉からもうかがえるように、受動攻撃性は、攻撃行動でありながら、相手に対して露骨な攻撃を加えるような真似はしない。まるで心理ゲームのかけひきをくりひろげるかのように、相手に対して仕返しを重ねていくのがこのタイプ特有のふるまいだ。

たとえば、相手への協力をわざと拒む。無視する。ふてくされた態度で聞こえよがしに文句を言いつのる。相手に頼まれた用件は、偶然を装ってわざと〝忘れる〟ことも少なくない。それもこれも本人の怒りがなせるわざであり、相手の願いを聞き入れるつもりなど、このタイプの人たちは最初からもちあわせていないのだ。

潜在的攻撃性はこの点で対照的だろう。その攻撃意図を隠したままで、きわめて〝能動〟的に相手に攻撃を加えようとする。周到に考え抜かれ、狡猾このうえない方法で相手に応じて自分の望みを果たしたり、あるいは相手との関係を思いのままに操作しようとしたりするが、真意を悟られるような真似は徹底的に避けようとしている。

「冷酷をきわめる人格」はたしかに実在する

時としだいによっては、私たちも潜在的攻撃性のような行為におよんでしまう場合もある。とはいえ、だから私たちも潜在的攻撃性パーソナリティーとか、マニピュレーターだとは言えないだろう。人それぞれのパーソナリティーとは、その人物が他者や世界を習慣的にどのように受けとめ、どのようにかかわっているかによって定義されるものなのだ。[*5]

パーソナリティーとは、さまざまな状況において、その人がどんな関係を他者と築こうとしているか、あるいは生きていくうえで自分が要求するものをどうやって手に入れるのかという、その人独特のかかわり方の〝スタイル〟であり、その人なりの習慣を色濃くにじませた流儀のようなものなのである。

しかし、パーソナリティーのなかには、人間関係において冷酷をきわめながら、そうした攻撃性を隠しおおすことができたり、あるいは自信に満ち、一見抗しがたい魅力を放っていたりしているタイプがまぎれもなく存在する。こうした潜在的攻撃性パーソナリティーには、他者を自分のペースに巻き込みながらも、その過程でとくにその魅力をそこなうことなくふるまいつづけられる者もいるのだ。潜在的攻撃性パーソナリティーと言いながら、その冷酷ぶりや性格病理学的な程度は人によってまちまちなのである。

もっとも本書の目的は、潜在的攻撃性パーソナリティーが一般にどのように関係操作を行っているか、そのプロセスをくわしく理解してもらうことにある。そのためには症例も際立っているもののほうが適切だと考え、この本ではより典型的な潜在的攻撃性パーソナリティーに焦点を当てて説明していくことにしよう。

なぜその正体を見抜けないのか?

マニピュレーターの被害者はどうして自分がおかれている関係に気づくことができないのか。私には長いあいだそれが不思議でしょうがなかった。加害者だけでなく、被害者の側にもそれなりの原因があるのではないかとも考えたが、やがてこうした人たちが相手の術中にはまっていくのももっともだと理解するようになっていった。

1 自分が攻撃されていることに気づけない

相手の攻撃はそれとわかるほど明瞭なものではない。被害者自身、相手が自分を追い詰めて支配下におき、こちらを思いどおりにしたがっていることにうすうすは気づき、無意識のうちに脅威は抱いている。だが、なぜ自分に敵対するのかという問いに対しては、客観的で明白な理由や証拠が見当たらない。そのため、自分の直感に素直に耳をかたむけることができない。

2 「傷ついているのは相手のほう」と思わせる

マニピュレーターがよく用いる策略はきわめて効果的で、それが巧妙にしくまれた相手の手口だと見抜くのは簡単なことではない。負い目を抱えているのはじつは相手のほうで、その傷を癒やして自分の身を守るためとか、あるいは、こちらに気をつかうあまりそんな言動におよんでいると被害者に思い込ませることもできるのだ。その説明もじつに巧みで、だまされているとか、つけこまれていると疑っていた者さえ、自分の勘ちがいではないかと思い直してしまう。

相手の策略を意識的かつ客観的に見極めるのは並たいていのことではなく、被害者は無意識のうちに受け身に立たされている。受ける側にまわるから、相手のかけひきはますます効果を高めていく。受け身にまわって取り乱せば、冷静に対応することもできずに、相手の手のうちを見抜くことはさらに難しいものになっていく。

3　自分でも意識していない「弱点」をひそかについてくる

弱点や不安は誰しも抱えているものだが、賢いマニピュレーターが目をつけるのもそこだ。自分の弱点に意識的であるなら、つけこまれていると感じるときもある。だが、自分の弱点とはすぐに頭から抜け落ちてしまうもので、「自分は心に大きな負い目のボタン（弱み）を抱えている」と自覚していた人でさえ、自分の子どもがそのボタンを押しつづけていたことにまったく気がつかず、いいように振りまわされていたという例がある。

往々にして私たちは自分の一番の弱みについて無自覚すぎるのだろう。そして、被害者本人より被害者の性格に通じているのがマニピュレーターだ。心のボタンについて、どれが負い目を引き出すボタンか心得ているばかりか、その押しどき、押しかげんにも精通している。自己認識が甘いようでは、やすやすと餌食にされてしまうことにもなりかねない。

4　「問題があるのは自分のほう」と思わせる

私たちがこれまで教えられてきた人間性に対する信頼に異議を申し立てるのがマニピ

ュレーターだ――直感のレベルではそう気づいてはいる。けれど、なまじっか心理学の知識があるため、問題を抱えた人を目の当たりにすると、恐怖や不安、それとも〝情緒不安定〟が原因ではないかとつい考えてしまう。相手は冷酷な策略家だと本能は警告を発しても、「そうじゃない。この人の心は萎縮して、じつは自己不信にさいなまれている」と考えてしまう。

人というものは、自分は無神経で思いやりにかけた人間だとは認めたがらないものなのだ。辛辣で否定的な判断を他人にくだすのをためらい、できれば疑わしきは罰せずに事をおさめ、自分が思うような悪意など相手はいささかも抱いていないと信じたい。直感にしたがって相手をマニピュレーターと断じるより、そう考える自分自身に疑いを向け、そんな思いを抱いた自分を責めてしまうものなのである。

心に刷り込まれた誤解

望みを果たすためなら、争いも辞さないのが人間の本分なのだという現実を受け入れる。そして、日々くりかえされる営みや人間関係において、人というものはいかに巧妙かつ陰険に争っているのかという事実にもっと意識を向けてみるのだ。そうすることによって、人を見る目というものをさらに深めていくことができるだろう。

誰かに災いをなされたら、それは相手の攻撃だと率直に受けとめ、人生で遭遇する多くの闘いにおいて冷静にふるまう術《すべ》を身につけることは、マニピュレーターに痛めつけられた私の来談者にとっても、明らかにみずからを高める経験となった。このような経験を経て、被害者たちはマニピュレーターの呪縛や支配から解き放たれ、自己評価を高めるためにはどうしても欠かせない心の推進力というものを身につけていったのである。

それだけに、マニピュレーター特有の行動を見定め、相手が得意とする狡猾な手口にもっと意識を向けることが肝心だ。彼ら特有の攻撃スタイルやとらえがたいたくらみを見極められなければ、相手の言動を読みちがえ、それにふさわしい対策を講じることはできない。相手との出会いがどのようなものであれ、いつ、どんなふうに攻撃行為が始まったのかを認めるのは、マニピュレーターとの関係を正していくための基本だ。

ただ、惜しいことに、一般の人ばかりか専門家でさえマニピュレーターのねらいや挙動の真意について誤解をしている場合が少なくない。人間が問題行動を起こすのは、なんらかのトラブルのせい、あるいは悩みごとや心配ごとがあるときに限られるという、そんな思いが人々の意識に刷り込まれているせいなのだ。攻撃行動を示すのは、当人もまたなんらかの被害者だからだと教えられた。だから、直感では攻撃の事実を認めながらも、なぜ攻撃されるのかその理由が思い浮かばず、たんに人を圧倒したい、支配したいからというぐらいの理由で、自分が標的にされるという考えを簡単に受け入れることはできなくなっている。

それどころか、相手が取り乱していれば、その動揺の陰にひそむものが原因で本人はあのような言動におよんでいるのだろうと考えてしまうのが普通だ。もしかしたら、自分のなにげない言動が相手を追い込んでいたのではないかとさえ考えてしまう。相手の攻撃にどう対応するか専念しなければならないまさにそのとき、必死になって攻撃者の心のうちをおもんぱかっている。

望みのものを得るために人を攻撃したり、あるいは相手を思いのままに振りまわしたり、自分の支配下におきたいという、ただそれだけの理由でいたずらに人に攻撃を加えようなどとは誰も思いもよらない。それどころか、相手は傷ついているのではないかという思いにとらわれると、自分を守ることなどそっちのけでその理由探しに没頭する。

攻撃行動だけではなく、ある種のパーソナリティーがもつ特異な攻撃的性格を見分けるのもひと筋縄ではいかない。フロイトの業績はこの点でおおいに関係していて、その理論（そして、その説を継承発展させた研究者の理論）は、心理学にとどまらず、関係する社会科学の分野においても長きにわたって多大な影響をおよぼしてきている。

なかでも「神経症」は、フロイト理論（精神力動学）のキーワードであり、心の葛藤がくりひろげるダイナミズムという考えを端的に表した言葉だと言えるだろう。一般にも広く浸透している言葉だが、このように普通に言い交わされるようになった精神力動学の関連用語は少なくない。

フロイト派の精神分析学では、人間は誰しもなんらかの神経症を病んでいると考えられている。神経症患者は潜在的に抑圧された状態におかれ、本能にしたがって行動を起こしたり、あるいは基本的欲求や要求を満たそうとしたりすると、意味もなく過度の不安（恐怖の対象がはっきりしていない）や罪悪感、羞恥心に襲われてその苦痛から逃れることができないというものだ。

ただ、この理論はフロイトが観察結果をあまりにも一般化しているという大きな問題を抱えている。限られた少数の神経症患者を対象にした観察だったにもかかわらず、各人に共通する心の病の原因としてその結果を普遍化しすぎているのだ。過度の一般化がもたらした予想外の影響については、どれだけ誇張しても誇張しすぎることはないだろう。[*6]

しかし、そうではあるが、フロイトの理論は私たちが人間の本性を考えようとする際、その発想に染みついてしまっているのも事実であり、とりわけ人格の分析を試みようという場合、それは顕著にうかがえる。じつに多くの人たちがごく自然にフロイト理論にしたがって考えようとしている。本人が抱いているどんな恐怖が〝心理的障害〟になり、またどんな〝防衛〟で〝威嚇〟から自分を守っているか、あるいは〝回避〟を試みるのは心理学的にどのような〝脅迫〟情況に追い込まれた場合かといったぐあいだ。

“人格障害の時代”に必要な知見

フロイト派の古典的人格理論は、きわめて抑圧的な時代意識を背景にして発展してきた。

「あれのことは夢のなかでも考えてはいけない」

この理論が誕生した十九世紀ビクトリア朝時代の雰囲気をひと言で表すのならこんな感じになるだろう。そのような時代だっただけに、神経症がいかにはびこっていたかは容易に想像がつくはずだ。フロイトが診ていた患者がまさにそうだった。人間として抱えている本能的な欲求が災いして、過剰な羞恥心と罪の意識にさいなまれていた。なかにはヒステリックな状態が高じて欲望の対象である異性に向かって、思わし気な視線を送ることがどうしてもできない患者もいた。

だが、時代は明らかに変わった。社会の風潮も一変して、なにごとにおいてもはるかにおおらかだ。「とにかく、やってみよう」。テレビで以前さかんに流れていたこのコマーシャルが、いまの時代を表現するモットーとして一番ふさわしいだろう。

医師が注意を向ける症状も変わり、以前のように不合理な恐怖や抑制に由来するものから、その注意は人間の基本的な欲求をめぐる自制心の欠如に根ざした症状に向かった。それを端的に言い表すなら、治療者のもとを訪れる神経症患者は過剰どころか過小を極め、それに代わってパーソナリティー障害の患者が急増している。その結果、古典的な人格理論やそれにもとづく治療法では、かつてのようなめざましい回復をパーソナリティー障害の治療では見込めず、ごく限られた効果しか望めなくなっている。

専門医のなかには、攻撃性全般や潜在的攻撃行動に対する知見を深め、こうした情況に対応できるようになるために、古典的人格理論という先入観を克服していかなければならない者がいる。それは療法士も例外ではないだろう。いかなる攻撃性もそれ自体を問題とは考えず、攻撃性の背後になんらかの障害や不安感、無意識の恐れを抱えているのではないかと、攻撃性をある種の兆候としてとらえてはいないだろうか。これでは、患者は〝葛藤〟を抱えているという仮定に目を奪われ、問題を引き起こしている元凶の攻撃性の存在を見落としてしまうことになる。

トレーニングを通して、従来の神経症の理論にあまりにも深入りした療法士は、目の前の問題を正しく把握できないかもしれない。たとえば、こんな患者がいたとする。他人の干渉を徹底して拒み、関係する相手と誠実に向き合わないばかりか、利用できる関係はなんでも利用していながら、相手に見返りを与える義務感が欠落している。こんな生涯を過ごしてきた患者に対してこの療法士は、それは長いあいだのうちに慣れ親しんだ〝恐怖〟に対する必然的な〝補償行為〟だと考えるかもしれない。

この考えは、筋金入りの強者を恐怖に脅えて逃げまどう弱者と見なすものであり、こんなふうにして状況の本質をなしている事実に誤解が生じていく。

神経症的人格の特徴を過剰に一般化し、人格という人格をその特徴にしたがって類型化したり、あるいは理解の足がかりにしたりするのは、適切でもなければ有効な手法でもない。もっぱらどんな恐怖に防御反応を示しているか、それによって人格というものを定義しようとするのは控えたほうがいい。私たちがいま本当に理解して向かい合い、対処しなければならないのは、過剰に萎縮してすぐに逃避を試みるようなタイプとは正反対の、まんまんたる闘争心をみなぎらせたタイプの人間だ。こうしたタイプの人間を理解するには、まったく異なる理論にもとづいた新たな枠組みが必要とされている。

その新しい枠組みについては次の第1章で紹介する。それとともにいくつかのタイプに分類される攻撃性パーソナリティーに関しても説明を行っていくつもりだが、心理学的なその気質は、神経症的人格とは圧倒的に異なるちがいを示している。だが、この枠組みを読んでもらえば、私が潜在的攻撃性パーソナリティーと呼ぶマニピュレーターの特徴とともに、いわゆる人格障害についても理解することができるだろう。

マニピュレーターの正体を知ることは、オオカミたちに立ち向かう第一歩だ。そして、相手の本当の性格を知るためには、適切な文脈にもとづいて考えていかなければならないだろう。この章では、人格や性格についての理解を深める枠組みについて解説していこう。これらを踏まえておくことで、マニピュレーターとそうでない人格を区別できるようになり、実際に遭遇した場合には、ヒツジの皮をまとうオオカミの本性を見抜く力も高まるはずだ。

人格とは世界とかかわるその人の流儀

人格《パーソナリティー》とはラテン語の「ペルソナ」を原義とした言葉で、そもそもは「仮面《マスク》」を意味している。いにしえの時代の劇場では、舞台の配役は男性だけで演じられ、また感情を表現する演劇技術が発達していなかったこともあり、女性役や喜怒哀楽の表現では仮面がその代わりを果たしていた。

人格の定義を試みた心理学の古典的理論家たちは、人格とは社会的な見た目、真実の自分を隠すためにまとった〝マスク〟のようなものだと考え、人格《ペルソナ》という言葉を採用したが、当初この言葉がもつ意味はかなり限定されていたことが明らかになっている。

人格とは次のように定義することも可能だ。人が他者や世界をどのように受けとめ、またどのようにかかわりながら関係を築いてきたのか、その人なりの独特のスタイルが人格というものだ。[*7] この定義では、その人の生まれつきの気質はもちろん、遺伝的要素やホルモン、脳内物質などの生物学的な要素もひと役買っており、これ以外にも本人の生育環境や過去の体験などもそのスタイルの形成に大きな影響を与えている。

他人とどのようにかかわり、人生で遭遇したストレスにどう向かい合ってきたかという体験を通じて徐々にはぐくんできた流儀と、以上のような要素がダイナミックに関連して、その人独自の〝スタイル〟[*8] が生み出されていく。対人関係の流儀や人格というものは、時間とともに変化を受けたり、さまざまな状況のもとで変わったりするのではなく、比較的安定した特徴を示しているものなのだ。

自分を抑制できる能力

他人とどうかかわるかは人それぞれだが、その人特有のスタイルは、社会性や倫理性、あるいはモラル面にも影響を与えている。社会的な責任をどう受け入れて実行するか、あるいは他者に対してどのようにふるまうかという人格がもつ側面は、場合によってはこれが「性格」[*9]だと見なされることもある。また、「性格」という言葉と「人格」を同じ意味で使っている者もいる。

本書ではこの「性格」という言葉について、人それぞれの人格のなかでも、本人みずからが発達させてきた誠実さ、社会的行動に対する責任感の程度を示す意味で使っている。つまり、健全な性格の持ち主とは、本能的な衝動を抑制できる人のことであり、みずからの行為をその意味に照らし合わせて調整できること、とりわけ自分の攻撃的性質を社会的なルールに準じてコントロールできることを意味している。

「挑む人格」と「脅える人格」

膨大な文献にはさまざまなタイプの人格が記録されているが、そのすべてに触れるのは本書では不可能だ。とはいえ、人格を形づくる基本のふたつのタイプのちがいを知っておくことは決して無意味ではないだろう。人生で遭遇する難題や障害に人はどのようにして立ち向かうのか、その反応を一本の軸線上に表した場合、このふたつはまさにその両端に位置づけられる。

目標志向の生き物である人間は、子孫を残すため、快楽の対象を手に入れるためなら時間とエネルギーを惜しまずに投じるが、苦難や障害が目的の前に立ちはだかると抜き差しならない葛藤を抱えこむ。そして、このような障害を前にして人に選び取ることができる反応はふたつしかない。

ひとつは、圧倒的な障害に遭遇して怖じ気づき、自分の無能ぶりにたじろいで恐れをなして逃げだす反応、もうひとつは障害などものともせずに突き進んでいく反応だ。みずからの闘争能力に自信があり、十分な粘り強さに恵まれていれば、目的の前に立ちはだかるものはすべて力ずくで取り除くか、あるいは障害などものともせずに乗り越えようと試みる。

服従的なパーソナリティーの場合、葛藤をもたらす状況に直面すると、過剰に反応して後退するのが習慣になっている。自分には障害に立ち向かう能力が欠落していると考え、立場をはっきりさせるのを心の底から恐れている。難題に出会うたびに逃走をくりかえし、成功体験の好機を拒んでしまうため、このようなタイプは自分の能力や自立心をはぐくむことが難しい。

こうしたパーソナリティーを「受動依存性」[*10]と呼ぶ専門家もいるが、それはこのパーソナリティーが消極性を理由にして、みずから立ち向かおうとはせず、他者に肩代わりをしてもらうという過度の依存を示しているからなのだ。不全感に襲われると、自分よりも力や能力に勝る者たちの意志にためらわずにしたがってしまう。

攻撃性パーソナリティーはこれとは対照的で、いかなる障害であろうと過剰なほどの闘志を燃やそうとする。人生の第一の目的は〝勝利〟、その目標を達成するためにおおいなる情熱を捧げる。いかなる障害であろうと、望みのものを手にするためなら、障害に打ち勝ってそれを圧倒するか、あるいは排除することに没頭する。

権力を野心的に追い求め、手中におさめた力は遠慮なく行使して良心に恥じることはない。つねに頂点をきわめることを考え、人のうえに立つためならその努力にも余念がないし、課された挑戦は喜んで受けて立つ。どんな障害にも立ち向かえるというおのれの能力に対する自信だが、その根拠の有無はともかく、過剰なまでの自負心や自立心にはやる傾向がうかがえる。

神経症とパーソナリティー障害

人格に関して言えばもうひとつ、やはり軸線で示した場合、正反対のちがいを示して無視できない特質がある。

人間としての基本的欲求を満たそうにも、それをどう満たせばいいのかまったく自信がもてなかったり、あるいは過度の不安にさいなまれたりする人がいる。「神経症」と呼ばれるタイプだ。このタイプの人たちが見舞われる感情的な混乱は、本能的な衝動と良心のせめぎあいに端を発している場合がほとんどなのである。

精神科医のスコット・ペックが『愛すること、生きること』という著書で、神経症の患者が苦しむのはあまりにも良心的すぎるからだと指摘したことにやはりまちがいはないだろう。[*11] 神経症患者がその欲求や思いを満たそうとしても、心は罪悪感と羞恥心に襲われるので、それを恐れて、欲求の対象を追い求めたくても求めつづけることはできない。

だが、いわゆるパーソナリティー障害を病む者はこの点で際だったちがいを示している。本能的な衝動にかられて行動を起こしても、自制心などそもそもこのタイプはもってはいないので、みずからの行為が原因で苦しむことなどありえない。「彼らは満足な良心をもちあわせていない種類の人間なのだ」とペックもそう指摘している。[*12]

一人ひとりに対して、「あなたは神経症タイプ」「あなたはパーソナリティー障害だ」と単純に振り分けることはできるものではないが、人格の軸線上では神経症からパーソナリティー障害を両極にして、どんな人であろうとこの線上のいずれかの地点に位置づけられる。神経症とパーソナリティー障害のふたつに大きく分けて、どちらの傾向に属しているのか比べてみるのもとても有効な方法だろう。

フロイトは、神経症は文明化とともに引き起こされたのではないかという仮説を立てていた。人が他人の生活に苦痛と問題をもたらす場合、セックスや暴力にかかわる行為を伴うが、だが社会は奔放なセックスや暴力を強く非難していた点に注目した。こうした点を踏まえ、フロイトは次のように理論化する。つまり、衝動によって人は変形を受けていたにもかかわらず、文明化に伴う社会の規範を自分のなかに取り込んだ。そして、自制心を得た代償として支払ったものが神経症という形になって現れたというのだ。

別の見方をすれば、多くの人がセックスや怒りの衝動（あるいは不安も）をコントロールすることができたから、人間は文明化を促していくことができたのだと言えるのかもしれない。人間の根底にある本能を飼い慣らし、意のままにしたがわせることができる者などまずいないに等しい。それを可能だと示唆するカール・ユングの方法[*13]はあっても、現実には神経症でさえ人は完全に克服することができない。それだけに、人が文明を維持できるというのは、人間が神経症を病むことができる能力のおかげだとも言えるのだ。神経症とは人の過激さをほどほどに冷ます、きわめて実用的な現象なのである。

なんでも許されることがあたりまえとなった今日の社会では、治療がどうしても必要だという激しい症状を示す神経症患者は激減したが、その症状がほどほどであれば、神経症を患う人たちとは、むしろ社会を節度あるものにしている礎《いしずえ》でもある。文明化された社会では、神経症よりもパーソナリティー障害を抱えた者たちがもたらす問題のほうがはるかに深刻だ。自分の成功に根拠もないまま過剰な恐れを抱いてしまうように、神経症によるトラブルの多くは本人ひとりの問題にとどまり、しかも劇症の神経症は比較的まれにしか発生しない。

だが、パーソナリティー障害はそれとはきわめて対照的だ。これと思い込んだ目的に向かってなりふりかまわず突進していき、当人は良心さえとがめない。他人の権利や事情にはおかまいなしで、[14] それどころか他人を犠牲にしてまで自分ひとりの目的を追い求め、人はむろんのこと社会全体に災いという災いをもたらす。専門家のあいだで言い交わされているこんな言葉がある。「みじめな思いに苦しむ患者がいて、もしも自分ひとりで苦しんでいるようならその患者は神経症。そして、周囲の者みなすべてを苦しめているようなら、おそらくその患者はパーソナリティー障害にちがいない」。

数ある性格タイプのなかで、服従的なタイプはたいてい神経症の患者のうちに認められ、そして攻撃的な人格はパーソナリティー障害を病む者に多い。神経症を病む者とパーソナリティー障害を病む者のあいだにはきわめて明確な一線があるのだ。人間関係について、問題のさなかにいる人だけではなく、医療の現場で患者を理解して治療にあたっている人たちにとっても、それぞれのちがいを念頭においておくことはとても大切なことだろう。

神経症を病むパーソナリティー

◆不安が神経症患者の人格のおもな部分を形づくり、苦痛という〝症状〟を本人にもたらしているだろう。

◆神経症患者の良心と超自我は十分に発達している。あるいは発達しすぎているとも言えるだろう。

◆神経症患者は罪悪感と羞恥心を過剰に感知する。そのために不安が高じ、激しい精神的苦痛を引き起こしている。

◆不安をしずめ、耐えがたいほどの感情的な苦痛を和らげるため、心理的な防衛機制が用いられている。

◆社会から拒絶されるのを恐れているので、本性を押しとどめ、うわべを偽って人と接している。

◆神経症患者が感じている心理的苦痛は、「自分は望まれていない」「好ましく思われていない」という自我に違和感を覚える症状である。この苦痛を和らげるために、みずから進んで助けを求める場合が多い。

◆神経症患者が訴える症状の根底には感情的な葛藤が横たわっている。治療の焦点はこの葛藤に向けられる。

◆神経症患者は自己評価にダメージを受けていたり、不足している場合がある。

◆神経症患者は自分の意に沿わない結論や社会的な拒絶に過敏である。

◆抱え込んでいる感情的な葛藤で不安が高じると、それをしずめるため防衛機制がかけられる。ほとんどの場合、こうした反応は無意識のうちに行われている。

◆神経症の原因が無意識の領域に根ざしている場合が少なくないので、自己認識を高めていく必要がある。従来から行われている洞察指向の精神療法が効果的だ。

パーソナリティー障害の特徴

◆パーソナリティー障害の患者には不安感はたいした問題ではない。社会秩序を乱す行為に伴う不安や心配はもともともちあわせてはいない。

◆重度のパーソナリティー障害の場合、良心はまったく欠落しているかもしれない。また、多くの場合、良心は著しく未発達のままだ。

◆羞恥心や罪悪感がどういうものか、それを感じ取る能力が衰えている。

◆他人に対する防衛機制のように見えても、それは人を操作するためのしたたかな策略であり、社会的要求にしたがうことに抵抗を試みている場合が多い。

◆相手に対して自分の印象をコントロールしようと試みるが、正体そのものに変わりがあるわけではない。

◆自分の性格と言動が人にどんな迷惑をかけようと、当人が好んでいるのはそうした自分であり、行動パターンだ。パーソナリティー障害の患者が抱えている問題はこうした自我同調性だ。人に対して進んで助けを求めることはまれで、普段は他人にプレッシャーを感じている。

◆問題行動の底には、この障害を病む者特有の誤った行動パターンや考え方が横たわっている。

◆過大な自己評価を抱いている者が少なくない。だが、肥大した自己イメージは、心のうちで感じているみずからの力不足を埋め合わせるものではない。

◆どんなにつごうの悪い状況におかれても、また社会的に激しい非難を浴びようとも、その行動を押しとどめることはできない。

◆問題行動のパターンはおそらく習慣的なものであり、無意識のうちに選び取られているのかもしれないが、本人は自覚的で故意に行っていると感じている。

◆洞察力や認識能力に恵まれているにもかかわらず、自分の考えや信念を変えることはかたくなに拒んでいる。洞察力についてはこれ以上高める必要はないだろう。彼らに必要とされ、そして本人のためにもなるのは、制限を課すことであり、問題に直面することでその修整を試みることとなのだ。認知行動にもとづく治療がもっとも適したアプローチだ。

以上の概略からもおわかりいただけるように、パーソナリティー障害と神経症では特質のあらゆる点において決定的なちがいを示している。とりわけ顕著なのは、パーソナリティー障害の場合、一般の人たちとは根本的に異なる思考法を抱えている点にある。近年、研究者のあいだでもこの事実が意味する重要さが認められている。人がどんな行動を示すかは、その人自身がどのように考え、何を信じ、どのように言動を発達させてきたかによってほぼ決定される。認知行動療法（誤った思考パターンとあえて向き合うことで、思考や行動パターンを改善させていこうとする本人の意志を高める）がこうした病理に対して最適な治療法だと考えられているのもじつはそのせいなのだ。

パーソナリティー障害のゆがんだ思考パターンの研究は数十年前に始まり、犯罪者を対象に集中して研究が進められてきた。ここ数年の研究を通じて、問題のある行動パターンはパーソナリティー障害を病む者すべてに共通して見られる症状であるのが研究者たちにも理解されるようになった。こうした研究結果をベースにして、さらに問題だと考えられる思考パターンを加えたものが以下に紹介する概要だ。より一層重要な点についての説明が加えられている。

〈自分本位（自己中心的）な思考〉

パーソナリティー障害の患者が終始考えているのは自分のことだ。他人のつごうはもちろん、自分の言動が周囲にどんな影響を与えるかについては考えがおよばない。こうした考え方が高じた結果、身勝手なふるまいはさらに増長し、社会的な義務を無視するようになっていく。

〈所有的思考〉

所有的思考とは、他者を自分が思いどおりに扱える所有物と考えたり、また自分を満足させるために存在していると見なしたりする発想だ。他人をモノ（あるいはたんなる対象物）と考え、威厳や価値、権利や欲求を抱えたひとりの存在として認めようとはしない。こうした発想の結果、自分は他者を支配し、所有して当然だと考えるようになり、やがて人間性を喪失していく。

〈〝すべてか無〟の思考〉

望んだものはすべてが手に入らなければそれは皆無に等しいと考え、すべてを否定してしまう傾向がうかがえる。最上位でなければ最下位と同じ、人の全面的な同意を得られなければ、自分の意見などとるに足りないと考える。こうした思考法は本人から調和や中庸というものを遠ざけ、妥協を認めないかたくなな考え方を募らせていく。

〈過度にうぬぼれた思考〉

パーソナリティー障害を病む者の自己評価は高く、自分の欲望を満たすためなら何をやっても許されると考える。すべては自分のものという考えにかたむき、額に汗することで望みのものを得るという考えを受け入れられない。こうした発想の結果、優越性や傲慢、さらに自分は選ばれた者だという考えを肥大化させていく。

〈羞恥心の欠如〉

恥を感じ取る健全な感覚が欠落している。その挙動が自分の性格にどんな影響をおよぼすか顧みようとしない傾向がある。正体を指摘されれば当惑は感じるものの、それは本性を暴かれたことにうろたえたからであり、非難されるべき行為そのものを恥じたからではない。羞恥心の欠如によって本人の厚かましさは肥大していく。

〈安直な思考〉

物事をいつも安易に考えてすませ、目的のために努力を重ね、義務を負うことを毛嫌いする。そして、人をあざむくことに無上の喜びを感じている。こうした発想は、労働や努力をないがしろにする言動を助長していく。

〈罪の意識を感じない〉

行動に先だって、事の是非をまったく考えようとはしない。社会のルールにふれようとも、欲するものはかならず手に入れようとする。その結果、責任感の欠如と反社会的な行動が高じていく。

攻撃性パーソナリティーの五つのタイプ

パーソナリティー理論の研究家セオドア・ミロンは、攻撃性パーソナリティーが他者とどんな関係を結び、世界とどのようにしてかかわっているのかという点から、このパーソナリティーは「能動的非依存性[*15]」だという考えを提唱した。そして、能動的非依存性は要求を満たすために能動的に他者とかかわり合い、他方で人の援助に頼ることに抵抗を示す特徴があると指摘する。

ミロンはこのパーソナリティーはふたつのタイプに大別できると示唆する。自分の行為を逸脱することなく社会にしたがわせられるタイプと、それともうひとつ、これとはうらはらに社会の原理原則を尊重できないタイプだ[*16]。

私自身は、対人関係を基準に、この能動的非依存性をさらに下位のタイプに分類するのであるなら、そのすべてに「攻撃性」という言葉を用いることはかならずしもベストとは考えていない。人によっては、好戦性をまったく示さずに人と能動的にかかわる態度を選び取れる者もいるのだ。それがアサーティブ《自己表明》・パーソナリティーであり、きちんと自分の意志を主張できるこのパーソナリティーこそ、私がもっとも健全な人格だと考えるタイプである。

アサーティブ・パーソナリティーと異なり、攻撃性パーソナリティーは人の権利や要求など眼中にないようすで、対人関係においては自分ひとりの目的を追い求めていく。自分の勝利に揺るぎない決意を抱き、挑戦は真っ向から受けて立ち、気は短くその視野はいたって狭い。恐怖を感知する能力や抑制のきいたコントロールも病的なまでに欠いている。支配的な地位にとことん執着し、弱者と認めた相手にはこのパーソナリティー特有の軽視と蔑視で応じる。攻撃性パーソナリティーとは骨の髄から〝闘士〟なのだ。

また、攻撃性パーソナリティーは多くの点でナルシストの特徴と一致している。そのため攻撃性パーソナリティーは自己愛性パーソナリティーの変形だと考える専門家もいて、実際、このタイプが自分に対して抱く過剰な自信、自己陶酔ぶりはよく知られている。関心の対象は自身の欲望やみずからに課した目的や計画と、すべては自分にかかわるものばかりだ。そして、目的の前に立ちはだかるものは、人であろうがなんであろうがその存在は断じて許そうとしない。

ここで、攻撃性パーソナリティーを五つの基本タイプに分類しておくのもむだではないだろう。ベースはミロンの能動的非依存性の分類であり、タイプA《アグレッシブ》に関するいくつかの研究、[*17]そして劇症の攻撃性パーソナリティーの最新の研究などであり、それに私が長年の臨床経験で遭遇したあらゆるタイプのパーソナリティー障害についての知見も交えている。五つの基本タイプとは次のとおりだ。

・非抑制的攻撃性パーソナリティー
・擬似適合的攻撃性パーソナリティー
・加虐的攻撃性パーソナリティー
・略奪的攻撃性パーソナリティー（サイコパス）
・潜在的攻撃性パーソナリティー

いずれのタイプも、ほかのタイプと共通して見られる特徴は少なくはないが、攻撃性パーソナリティーとしてどのタイプもそれぞれ明らかに異なる固有の性質をもっている。あるタイプはほかに比べてより危険性をはらんでいるとか、このタイプはほかに比べるとそれと判別がつきがたいといった特徴だ。しかし、五つとも、そのもとで働く人や生活をともにする人、つまりその影響を直接こうむる人間にとっては看過できない難問をつきつけている点ではみな同じだ。

〈非抑制的攻撃性パーソナリティー〉

このパーソナリティーの持ち主は、他者への敵意を隠したりはしない。凶暴な言動も多く、しばしば犯罪的だ。「反社会的」というレッテルを貼られるのがこのタイプで、すぐカッとなり、恐れや警戒心を正常に感じ取る能力が欠け、衝動的で向こう見ずでもある。人生のかなりの期間を獄中で拘束されて過ごす者がこのタイプに多いのは、社会的なルールにしたがうことが本人には最善でも、こうした規範に服することがどうしてもできないからなのだ。

非抑制的攻撃性パーソナリティーに見られる特徴は、生育環境が災いして、権威や他者に猜疑心を抱くようになった、あるいは虐待やネグレクトの結果、他者との絆を適切にむすぶことができなかったのが原因――従来はそのように考えられてきた。

たしかに私自身、数年におよぶ治療を通じ、こうした顕在的な攻撃性の持ち主たちが示す過度の憎悪は、他者に対する途方もない不信が原因だという症例をいくつも見てきた。また、例は限られるものの、遺伝的傾向として過度の警戒心や猜疑心（ある種の妄想性パーソナリティー障害の特質）を抱えた者もいた。

しかし、非抑制的攻撃性パーソナリティーの大半は、不信感や猜疑心にかりたてられたものではないのを私は経験上知っている。怒り出す理由もないのに感情を爆発させ、誰に煽動されたわけでもないのに、怒りそのものにあおられて過剰な闘志をつのらせていく。ためらうこともなく怒りをぶちまけ、周囲や自分にどのような結果をもたらすのかということに考えがおよばない。

このパーソナリティーをもつ者のうちには、虐待を受けたこともなければ、ネグレクトの経験もない者がかなりの数でいる。経歴の面でもとりたてて不利益を負っているわけではない。それどころか申し分のない環境で育ってきた者もなかにはいるのだ。このタイプについては従来の前提を再検討する必要があるだろう。

〈擬似適合的攻撃性パーソナリティー〉

このタイプも〝潜在的〟ではなく〝顕在的〟な攻撃性だ。そして、ビジネス、スポーツ、司法、軍隊といった、好戦的であることが社会的に受け入れられている分野に攻撃の矛先が限られている場合がほとんどである。タフであること、がんこであること、負けず嫌いといった特徴は、この場合むしろ賞賛の対象となっている。競争や勝負の場では、「ひとつもんでやろう」「かわいがってやれ」などといった好戦的な言葉を好んで口にしている。

その行動が一線を超えて反社会的なレベルにいたることはまれだが、万が一そんな事態になったとしても誰も驚きはしまい。このパーソナリティーの持ち主が社会のルールに服従しているのは、規範や権威を心から尊重しているからではなく、そのほうが世渡りのためにはつごうがいいからにすぎない。他人を傷つけても正当化でき、逃げおおせるとわかれば、ルールを踏みにじったり、人に対しても理不尽な仕打ちを加えてきたりするかもしれない。

〈加虐的攻撃性パーソナリティー〉

これも顕在的攻撃性に分類されるパーソナリティーだ。多くの攻撃性パーソナリティーがそうであるように、加虐的攻撃性パーソナリティーも権力に勝る地位を求め、人の支配を欲する。だが、このタイプがほかと異なるのは、加虐的攻撃性パーソナリティーの場合、被害者が苦しみ、弱者としてはいつくばるその姿にとりわけ満足を覚えるという点だ。

攻撃性パーソナリティーの多くは、人を苦しめ、傷つけるのは、被害者の存在が自分の目的に対して障害になっているからであり、それはそれでしかたがないと考えている。目的はあくまでも相手に〝打ち勝つ〟ことで、相手を〝痛めつける〟ことではない。

しかし、加虐的攻撃性パーソナリティーは相手がもだえ苦しむのを見ることに喜びを感じ取る。ほかの攻撃性パーソナリティー同様、人を支配して、思いどおりにコントロールしたいのはこのタイプも同じなのだが、それ以上に人を愚弄し、屈辱を与えることに彼らは快感を見出《みいだ》しているのだ。

〈略奪的攻撃性パーソナリティー〉

略奪的攻撃性パーソナリティーこそもっとも危険な攻撃性だ。〝サイコパス〟〝ソシオパス〟と呼ばれるものこそ、この略奪的攻撃性パーソナリティーにほかならない。その研究に関してはロバート・ヘアが第一人者であり、著書『診断名サイコパス――身近にひそむ異常人格者たち』には、このタイプに関するおぞましい話が紹介されているが、非常に読みやすい本であり、このタイプに関する格好の入門書になるだろう。

幸いなことに、略奪的攻撃性パーソナリティーはその存在がまれだと言われている。だが、私はかなりの数でこのパーソナリティーの持ち主に遭遇して治療に当たってきた。その性格は一般の人とは圧倒的に異なり、良心の欠落たるやこちらがたじろいでしまうほどだ。みずからを優越者と見なし、凡庸な一般人は自分たちの餌食になって当然だと考える。

略奪的攻撃性パーソナリティーこそ最強のマニピュレーターであり、正真正銘の詐欺師だ。人を食いものにし、痛めつけることに喜びを覚える。相手を魅了し、警戒心などなしくずしにしてしまう。すご腕の肉食獣として獲物の弱点を注意深く見定め、目的のためには凶悪をきわめた手段を用いることに良心の呵責や後悔も覚えない。よくあるマニピュレーターがこのタイプではないのは本当に幸いなことなのである。

さて、攻撃性パーソナリティーにはこうしたさまざまなタイプがあり、共通している点も少なくないが、権力と支配に向けられた過剰な欲求はどのタイプにもうかがわれ、懲罰をちらつかせようが、良心の痛みに訴えようが彼らには意味をなさない。周囲の物事や現実をゆがめて把握し、自分の言動に伴う責任は負おうともせずに、過剰なまでに攻撃的な挙動の〝正当化〟を試みる。

近年、攻撃性パーソナリティーがもつ、ゆがんで誤った思考パターンに関する研究がさかんに行われている。[*18] 攻撃性パーソナリティーはそれぞれのタイプで共通する特質が多いので、分類上、ある下位タイプに見られる特徴を他の下位タイプが帯びていてもとくに珍しくはない。反社会性をおもな特徴としているタイプに潜在的攻撃性や加虐的攻撃性の特徴がうかがえたり、潜在的攻撃性が反社会的な傾向を帯びていたりすることもあるのだ。

また、先ほどもふれたように、いずれの攻撃性パーソナリティーも自己愛性パーソナリティーと多くの点で共通した特徴をもっている。双方ともに肥大したエゴと特権意識が見て取れるのだ。対人関係ではいずれも相手から搾り取る側、精神的にはどれも非依存性。みずからを頼りにして、おのれの欲望に貪欲であるのもここに理由がある。

前出のセオドア・ミロンが、ナルシストを「受動的非依存性パーソナリティー」と分類したのは、[*19] このタイプがあまりにも自分のことばかりを考え、生活においてともに生きていく相手さえ不要だと見なしているからにほかならない。自分の能力や優越性を立証するために、ナルシストが実際に何か行動を起こす必要もない。自分が能力に恵まれているのはすでに本人が十分承知しているのだ。

ナルシストが人の権利や要求を軽んじてしまうのは、自己中心的なあまり、自分自身のことばかりに心をとらわれた結果にすぎないが、攻撃性パーソナリティーはこの点でナルシストとは対照的だ。自分が主人でありつづけようとし、そうありつづけるための行為には積極的にかかわり、目的をとげて支配的な地位を維持するためなら、人の権利など平気で踏みにじることができるのだ。

潜在的攻撃性パーソナリティーとは

攻撃性パーソナリティーの五番目の下位タイプが潜在的攻撃性パーソナリティーだ。ほかのタイプと同様、このタイプもナルシストに通じる特徴があるのではと考えられるかもしれない。だが、潜在的攻撃性パーソナリティーの場合、このタイプ特有の特徴が数多くあるので、それによってほかのタイプとはまぎれもなく異なる攻撃性パーソナリティーであることがうかがえる。

ちがいはその攻撃の方法にあり、望みを果たし、支配的な立場を得るため、潜在的攻撃性パーソナリティーはそれとは判別しがたい、きわめて狡猾で陰険な手段を用いて被害者に攻撃を加える。このタイプには神経症に似た一面もあるので、その程度しだいでは、本人も自分の性格やひめた攻撃行為についてはちがいをしている場合がある。

だが、よくよく調べてみれば、やはりこのタイプはパーソナリティー障害であって神経症とはまったく異なる。そして、パーソナリティー障害の側面が色濃くなるにしたがい、標的とした人間をあざむく行為はより大胆になっていく。

潜在的攻撃性パーソナリティーの持ち主たちが、そのひそかな攻撃が人目にふれるのを嫌悪するのは、そのほうが自分の面目も保てるのでつごうがいいからであり、本当のねらいが相手に知れてしまえば抵抗も避けられないものになってしまう。困難を克服する最良の方法は「急がばまわれ」だとわきまえているので、大胆な攻撃に秀でていながら目立つことはない。

＊

パーソナリティー理論の専門家のなかには、潜在的攻撃性パーソナリティー、あるいはマニピュレーターには、人をあざむくことに尋常ではない高揚感を覚える傾向があると唱える者もいる。[*20] だが私は、潜在的攻撃性パーソナリティーのたくらんでいることに、他の攻撃性パーソナリティーと格別なちがいがあるとは考えていない。潜在的攻撃性パーソナリティーもねらいとしているのはただひとつ。それは他者に勝利し、相手を支配することなのだ。このタイプにとって、そのたくらみをもっとも効率よく果たしてくれる手法が自分の意図を隠蔽した闘い方なのである。次に紹介するのはそんな彼らのおもだった特徴だ。

1

つねに自分の思いどおりにすること、相手に勝利することを求めている。すべての攻撃性パーソナリティーがそうであるように、人生で遭遇するいずれの状況も自分に向けられた挑戦であり、勝利しなくてはならない闘いなのだ。

2

他者におよぼす力と支配を求めている。人のうえに立ち、人に命じる地位を得ることをつねに望む。用いる策略はさりげないが効果的で、相手に打ち勝ち、対人関係では優位な立場を維持できる。また、相手が受け身にまわって退いたり、あるいは譲歩したりする手口を用いるが、その一方で攻撃的な意図は隠しおおす。

3

偽りとはいえ、礼儀正しく魅力的にふるまい、相手を自分のとりこにできる。自分の〝見せ方〟を心得ており、自分に対する抵抗を懐柔する方法にたけている。相手が直感的に抱いた不信感を取り除いて、自分の望みを果たす方法に通じている。

4

恥を恥とも感じないファイター。狡猾で負けをなかなか認めようとしない。人の弱点につけいることに優れ、相手がひるみでもしようものなら、その一瞬を逃さずについてくる。標的のスキ、脇の甘さを心得ているのだ。立場が逆転するようなことがあれば、失地回復に必死だ。潜在的攻撃性パーソナリティーにとって、自分が勝ったと納得できるまで勝負は終わらない。

5　良心は独特の変形を受けている。攻撃性パーソナリティーのどのタイプもそうであるように、潜在的攻撃性パーソナリティーも心のブレーキが欠落している。善悪の区別は知っているが、目的のために良心は棚上げにすることもできる。このタイプにとって、目的はかならず手段を正当化してくれる。だから自分の行為について、自身はもとより、相手もだますような真似ができるのだ。

6　人に対して容赦はなく、人間関係とは〈(搾取)する―される〉関係だと考える。相手は人生というゲームの捨て駒にすぎない。人間がもつ弱さを嫌悪し、自分と敵対する相手に発見した弱点という弱点はことごとく利用する。

どのタイプにも言えるが、潜在的攻撃性パーソナリティーもまた精神病理学上の程度に応じてそのようすは変わってくる。とりわけ深刻なケースでは、意図的な対人関係の操作など子供だましとしか思えないほどの激しさだ。重度に病んだ者の場合、礼儀正しく、人をひきつけてやまない社交的な外見とはうらはらに、容赦のない残忍さと権力に焦がれる思いにさいなまれているが、相手にはそんなことなどみじんも悟らせない。

なかには精神を病んでいる者がいるのかもしれない。人民寺院の教祖だったジム・ジョーンズやカルト集団ブランチダビディアンの指導者デビッド・コレッシュは、そうした潜在的攻撃性パーソナリティーの好例だ。ただし、潜在的攻撃性パーソナリティーにはたんなるマニピュレーターにはおさまりのつかない点がさらにありそうなのだが、常習的なマニピュレーターのほとんどはかならずと言っていいほどこのパーソナリティー障害を病んでいる。

マニピュレーターを彩る複雑な人格

受動性の人格と潜在的攻撃性がそれぞれで異なる挙動を示すように、25ページで触れた受動攻撃性と潜在的攻撃性もまったく別々のパーソナリティーだ。セオドア・ミロンは、「受動攻撃性パーソナリティー」あるいは「拒絶性パーソナリティー」とも呼ばれるこの人格について、他者へのかかわり方という点から、基本的に人に依存するのか依存しないのか、その選択をめぐって激しくゆれ動いているタイプだと特徴づけている。[*21]

受動攻撃性の持ち主も、生きることに伴う責任はみずから負いたいと内心では考えるが、その責任を引き受けて生きていく能力が自分には欠けていると恐れている。自立かそれとも依存かという、そもそも相反する思いが原因で、本人はもちろん、本人とかかわり合う人たちを巻き込んで抜き差しならない状況に陥っている。

受動攻撃性パーソナリティーは、生きるうえで必要なサポートや世話を絶えず他人に求めつづけているが、一方で人に依存し、服従しなければならない自分の生き方を不愉快に思っている。そのため、時にはおのれの力を誇示したいがために、よりにもよって自分の庇護者への協力を拒んでしまうことさえあるのだ。なにか物事を決める際など、このタイプがくどくどと口出しするのは、他人がくだした決断に文句をつけたいのだろう。人に合わせてなにかを始めようとしてもその腰は重い。

他人と口論になれば、辟易したあまり、もうごめんだという思いが心をかすめる。だが、ひとりになれば見捨てられたのも同然。それを恐れてただふてくされ、「どうしたのだ」と声をかけてもらうまでそうしている。このタイプとの生活が困難なのは、その機嫌をなだめる方法などほとんどありはしないからなのだ。

スコット・ウェッツラーの著書『愛するのが怖い』[*22]には、受動攻撃性と潜在的攻撃性が少なからず混同されているものの、受動攻撃性パーソナリティーの特徴と、こうしたパーソナリティーの持ち主といっしょに営む生活がどのようなものかがじつにうまく描き出されている。

このタイプが治療現場でどんな言動におよんでいるか、関係者のあいだではすでに語り草だ。「治療者はなんの面倒もみてくれない」という泣き言とグチが続いて不満を募らせる。とはいえ、ただちに処置を施そうとしようものなら、今度はその処置に「おっしゃるとおりですが、でも……」式の応答がかならず始まり、このタイプ特有の口のきき方とさり気ない抵抗が続く。

こんな患者は、ひとりでなにも決められない恥ずかしさに対する過敏すぎる性格が災いしているのだと、たいていの治療者にも見分けがつくので、その点で潜在的攻撃性パーソナリティー、つまり狡猾なマニピュレーターと区別するのはあまり難しくはないだろう。だが、用語を厳密に用いることに対する慣れの問題、またマニピュレーターが示すささいな怒りの兆候にハイライトを当てたいがため、受動攻撃性にマニピュレーターのレッテルを貼ってしまうことも時にはあるのだ。

また、潜在的攻撃性は、いわゆる脅迫性パーソナリティーともまったく異なる。完全主義できわめて几帳面、しかも筋の通った理屈を優先する人物、そんなタイプの人物のことならみんな本当によく知っているはずだ。税金の申告書の代筆、あるいは脳外科医としてメスを握ってもらうのなら、こういった人たちの完全主義という特質は高く評価したい。

だが、なかにはその完全ぶりが強圧的で、度を過ぎた権威主義者として傲慢にふるまい、周囲の人を自分の支配下におこうとする者が存在する。それもこれも、この人物が潜在的攻撃性の持ち主でもあるからなのだ。人を支配して力を振るう口実として、自分が奉じる主義や規則を引き合いに出している。潜在的攻撃性にして脅迫性パーソナリティーをあわせもつタイプは、自分が固執するルールを周囲の人たちすべてに対して無理強いしようとする。

潜在的攻撃性の持ち主の多くに自己愛性パーソナリティー（ナルシスト）の特質が認められるが、では、このふたつが同じタイプの人格かといえばそんなことはない。というのも、四六時中自分にしか関心のないタイプは、対人関係を操作することなど必要とはしていないからである。自分自身に没入するあまり、自己愛性パーソナリティーは人の要求にあまり関心を示そうとはしない。

だが、こんな自己中心的な人格でありながら、なかにはわざと人の要求を踏みにじったり、危害を加えたり、嫌がらせをしたりする者がいる。そんな現実を踏まえ、自己愛性パーソナリティーは良性と悪性に二分できると言う人もいるが、私としては次のように考えている。

関心が自分にしかおよばず、人の権利や欲求に注意が向かないタイプと、人を搾取することを常習的にくりかえし、災いをなすようなタイプを比べれば、そこに自己愛的な傾向を加えるにしろ、後者のほうはまぎれもなく攻撃的で、それが両者を分かつちがいとして存在する。つまり、人を利用することに巧みで、対人関係を操るエゴイストは、たんなる自己陶酔におぼれている人間ではなく、こうしたタイプもまた潜在的攻撃性パーソナリティーの持ち主にほかならないのだ。

潜在的攻撃性パーソナリティーには犯罪者のようなタイプは皆無に近い。とはいえ、人の権利や要求をないがしろにするその良心はあまりにもゆがんでいる。人を支配し、他人を出し抜くことに必死でありながら、その行為が犯罪一歩手前、攻撃もあからさまではないということで責任を負うことから免れているだけに、このタイプには「反社会的」というレッテルを貼りたくなる。

事実、反社会性パーソナリティーの持ち主のなかには犯罪行為の手口として関係操作を行っている者もいる。だが、マニピュレーターが法律を破ることはない。犯罪にあけくれる毎日を送っているわけでもなければ、他人に暴力的な怒りを爆発させることもない。もちろん、その能力に欠けているから手を染めていないのではない。

このタイプ特有の計算高さや狡猾さ、支配的な人間関係という特徴を正確にとらえようとする試みがくりかえされてきた。反社会性パーソナリティー（ソシオパス）から、凶暴な自己愛性パーソナリティーと、およそありとあらゆる名がマニピュレーターに冠せられ、スコット・ペックにいたってはそれを〝邪悪〟とさえ呼んだ。[*23] 彼らが発している微妙な怒りの気配から、受動攻撃性と呼ぶ者も少なくはなかった。だが、こうしたレッテルはどれひとつとして、マニピュレーターの正体をとらえたものではなかった。

注意しなくてはならないのは、人間関係が操作されようとしているとき、そのほとんどの場合に潜在的攻撃性パーソナリティーが絡んでいるということなのだ。そして常習的なマニピュレーターとは、潜在的攻撃性パーソナリティーである場合がほとんどだという事実だ。さらに忘れてならないのは、潜在的攻撃性パーソナリティーのほかにも、マニピュレーターは別のパーソナリティーを抱えている可能性があるという事実である。つまり、潜在的攻撃性であると同時にナルシスト、あるいは脅迫性パーソナリティー、反社会性パーソナリティーといったぐあいに別の人格傾向を帯びているケースもある。

彼らのこうした側面について、私の知人はかつてこんなふうにたとえた。

「その耳は短いかもしれないし、あるいはとても大きいのかもしれない。ぼさぼさの体毛かもしれないし、毛など一本も生えていないのかもしれない。体の色は褐色だが、灰色かもしれない。けれど、牙が長大で、体も巨大な生き物なら、その正体はまぎれもなく象という動物だ」

自分の知人に潜在的攻撃性以外の特徴がうかがえようとも、これまで説明したこのタイプ特有の特徴を帯びているなら、知人はまぎれもなく潜在的攻撃性パーソナリティーの持ち主だ。略奪的攻撃性や精神病質的なパーソナリティー、つまりサイコパス的な人格の持ち主は、人間関係の操作に非常に熟達している。そのため、専門家のなかには潜在的攻撃性はサイコパスが軽度に変異したものではないかと考えている者も少なくはない。

そう考えることに誤りはないだろう。サイコパスとは、攻撃性パーソナリティーのなかでも、最悪の危険性と狡猾さを備えたマニピュレーターだ。運のいいことに、サイコパスと遭遇するような機会はめったにあることではない。本書で紹介する潜在的攻撃性の持ち主たちも、たしかに手の施しようもない混乱を被害者にもたらす可能性はあるが、サイコパスのような惨事を引き起こすような真似はしない。

潜在的攻撃性にうかがえる独特のゆがみ方

潜在的攻撃性パーソナリティーは、どのようにしていまあるような性格になってしまったのだろう。私がこれまで診てきた患者には、幼いころから虐待とネグレクトの毎日を送り、生き延びていくには手強い〝闘士〟になるしか方法がなかった者がいた。

その一方で、半生のほとんどを闘いのうちに明け暮れたタイプでありながら、恵まれた生育環境で周囲の支えもしっかりとしていた者もおおぜいいた。こうした人たちには、社会に順応していく過程において早い時期から抵抗を示していた形跡があり、どうやらあらゆる段階において過剰な好戦性の影響を強く受けたまま性格を形づくっていたようなのだ。

人格形成では、本人の性質や養育の影響が大きいとされている。潜在的攻撃性の持ち主の場合、幼児期の発達段階において、自分のうちにひそむ攻撃性をどのように扱えばいいのかというきわめて重要な問題に関して、ある部分は過剰に学習したものの、ほかの本質的な部分についてはどういうわけだか学び取ることに失敗している。

私が診断してきた患者の病歴から判断すると、潜在的攻撃性パーソナリティーには次の点における学習が明らかに欠落していることがうかがえる。

1 人と争うことが本当に必要な場合なのか、そしてその判断に誤りはないかを学ぼうとしない。本人には日々生きることが闘いで、自分の欲望の前に立ちはだかるものはなんであろうと〝敵〟を意味する。勝つことにとらわれてつねに臨戦態勢にある。

2 いったん自分の負けを認めて譲歩し、相手に屈するようなことがあっても、長い目で見ればそれが勝利となる事実を決して学ぼうとはしない。黙ってしたがうことこそが最善の対処法になるときもある事実を認められない。どうしても他人に服従できないので、人生では相手の顔をわずかに立てることがのちの勝利につながる理屈が理解できない。

3 意味のある闘い方、フェアな闘い方を知ろうとしない。フェアにふるまっては自分の勝利がおぼつかなくなると信じ込んでいる。負けるのを承知で闘う覚悟などしたこともないのだろう。敵意を隠したほうがはるかに有利だと思い込んでいる。ずる賢く立ちまわることが勝利（少なくとも当面の勝利にとどまるが）の秘訣だと思い込んでいる。

4

屈服を嫌悪しているので、負けを認めることによって得られるかもしれない前向きな可能性が理解できない。この欠点こそ、潜在的攻撃性パーソナリティーをはじめとする攻撃性パーソナリティー（いわゆるパーソナリティー障害を含め）が自分たちの過去を教訓として生かすことができない真相だ。人生において真になにかを学ぶ（自分の血肉にする）とは、上位の権威や権力、あるいは道徳的な規範といった原則に服従することを伴うが、このタイプがどうしても自分を変えられないのは、人の意にしたがうことができないからなのである。

5

幼稚な利己主義と自己中心主義の克服を学ぼうとしない。ただ欲しいという理由だけで、あらゆるものを手にできる資格などない事実が受け入れられない。潜在的攻撃性パーソナリティーにとって、世界はすべてわがもの。わがままを押し通す手口は、対人関係を操作することによって磨きがかかり、自分を無敵の存在だと見なすようになっている。すでに堂々たる自己イメージは、これによってさらに増長していく。

6　人の弱点を敬して、同情を寄せることができない。誰であろうと相手の弱点は自分の利点にしか思えないのだ。他者の弱み、とりわけ感情面での弱点を軽蔑していて、被害者の弱点を見抜いては、心の負い目の〝ボタン〟を刺激する方法を学びとるのに余念がない。

マニピュレーターの約束の土地

ある種の職業や公的機関、特定分野では、潜在的攻撃性パーソナリティーに対し、公然と人を搾取できる格好の機会が提供されている。その好例が政界であり、法曹界、宗教界だと言えるだろう。もちろん、こうした分野の指導者全員がマニピュレーターだと決めつけるわけではないが、正体をひそめながら、権力を手中におさめる機会を虎視眈々とうかがっているのがマニピュレーターの本性だ。こうした分野に彼らが引き寄せられていくのはむしろ当然で、公共への奉仕を隠れみのに自己の栄達を図り、その力を思いのまま振るえるまたとないチャンスがここにはころがっている。

テレビで福音を説く説教師やカルトの指導者、過激な政治思想を叫ぶリーダーたち、あるいは日曜日の夜のテレビ番組ではおなじみの〝有名〟通販バイヤーが熱弁を振るっている。新聞の見出しをにぎわしている過激な社会運動家も同じだ。

私たちが日常で遭遇する潜在的攻撃性の持ち主の策略と、こうした人たちの手法になんのちがいも認められない。潜在的攻撃性パーソナリティーの場合、それが少々極端だというだけにすぎないのだ。潜在的攻撃性パーソナリティーがさらに狡猾になって、人を操ること、支配することにだんだんと長じていくように、こうした人たちもまたますます自分の立場を高めていき、より容易にその力を行使して人々に対する影響力を強めていく。

あの人たちとどう向かい合えばいいのか

潜在的攻撃性パーソナリティーの策略にまんまと乗せられ、誰もが簡単にその被害に陥っている。その被害を避けるのであれば次の点に注意しておくことが必要だ。

1　ヒツジの皮をまとうオオカミの特徴に熟知する。何が彼らの本当の望みであり、その望みのためにどんな手口を使おうとしているのかを知る。相手について十分な知識を得ることができれば、次にこの種のタイプと遭遇してもその場で正体が見定められる。次章から紹介する各エピソードでは、彼ら特有の〝気配〟がわかりやすく感じ取れるように書き記した。

2 人間関係をどのように操作して、ねらった相手をどう支配し、コントロールしようとしているか、そのために好んで使う手口について精通する。その正体ばかりか、彼らの行動も予測できるようになっておいたほうがいいだろう。勝つために手段を選ばないとわかってはいても、理解すべきは、彼らが好んで用いるのはどのような〝作戦〟なのかであり、それを繰り出すタイミングを知ることなのだ。被害を免れるにはもっとも効果的な対策だ。

3 人間は恐れと不安を抱えているものだと自覚する。潜在的攻撃性パーソナリティーはその恐れや不安を利用して相手の力を弱めようとしている。自分の弱さに自覚的であるのは、マニピュレーターと対応する際のすぐれた武器となる。

4 自分のどの点を変えれば相手の攻撃とつけいるスキを軽減できるのか、それをわきまえておく。第10章で説明する方法ならば対人関係は一変し、関係を操って、人を支配する可能性をひめた相手であっても、それに対抗可能な力を手に入れることができる。

次からの各章で紹介する事例は、マニピュレーターと呼ばれる人たちの特質についてさらに理解していただくことを目的にしている。各章それぞれで一例ずつ、潜在的攻撃性パーソナリティーの特徴について特筆した。おのおののケースを通して、彼らのおもな目的、その目的のために彼らはどのようなパワーを秘めた戦術を駆使しているか。そして、被害者のどんな弱みに彼らはつけこもうとしているのかという点にスポットライトを当てている。

第2章　勝つことへの執着

潜在的攻撃性パーソナリティーにうかがえる第一の特徴は、なによりも人に勝利することを重んじている点にある。その決心はゆらぐことなく、しかも手口は狡猾だ。時に無慈悲をきわめてさまざまな策略を弄するのは、自分の望みを果たすためだけではなく、本当の自分に向き合うのを避けるため、他人にその正体を知られたくないからなのである。

この章に登場するジョー・ブレークとその妻マリーの話を読んでいただければおわかりいただけるように、家族を思いやり、気づかう装いとはうらはらに、自分の思いに固執する者がひとりいただけで、家族がどれほどの苦しみをこうむるのかがご理解いただけるはずだ。

オールAを望む父

リサの悪夢がまた始まった。激しくいらだち、かたくなな態度も目立つ。成績は目も当てられない。ジョーもマリーもそんな態度はこの年頃の娘にはよくあることだとはわかっていても、リサの場合は尋常ではないように思えてくる。ひとり娘のことだけにふたりはとても心配していた。

なんとかしようとジョーも時間とエネルギーを費やしたが、母親のマリーは、リサはプレッシャーに押しつぶされたのが原因ではないかとたびたび夫に言っていた。しかし、問題はそれほど単純ではないとジョーは考え、それを妻にもわかってもらいたくてことあるごとに努力を重ね、自分がどれほど娘の将来を案じているか強く訴えていた。子どもの幸せを本気になって考えるのなら、解決策が見つかるまで手を尽くすのが親というものだとジョーは言いつづけた。

娘のためにジョーが努力を惜しんだことはない。数カ月前、娘がはじめてBと記された成績表をもって帰ってきたとき、心配のあまりリサは学習障害ではないかと教師に連絡した。しかし、教師はリサに再び検査を受けさせようというジョーの考えに首を縦に振ろうとせず、娘さんはうまくやっていますよと答えるばかりだ。自分が気に病むのは娘の幸せで、それを妨げるものは取り除いておきたいのだとジョーは教師に伝えた。特別支援の教師がこれ以上生徒を増やしたくないのではないかと、そんな疑いがジョーの頭に浮かんだ。

転校が得策か疑問を口にしたのはマリーだ。ジョーは、自分たちに残された選択は学校を変えて無関心な教師からリサを引き離すことであり、それには私立校に転校させるしかないと説得した。新しい学校なら、両親の心配や意見にも耳をかたむけてもらえる。

転校した直後、リサの成績は優等生名簿にのるほどだったが、しばらくすると再び下降線をたどり始めた。それとともに反抗的な態度もぶりかえし、今度はささいなことでいらつき、とりわけ父親といっしょのときがひどかった。なにか手を打たなければならない。そこで、娘の学力と心理状態を検査するため、ジョーは評判のクリニックに予約を入れることにした。面食らったのは、リサの検査に加えて家族全員と面接がしたいとクリニック側から告げられたときだ。これまでなんども口にしたように、娘の助けになるなら自分はなんでもやるとジョーは答えた。

カウンセラーの話にマリーは安心感を抱いた。クリニックからの帰り、娘の言葉にも勇気づけられた。「担当のカウンセラー、話したいことがあれば好きなときにきていいわと言ってくれたの。絶対にまた行くわ」

しかし、ジョーはちがった。カウンセラーの話に激怒していたのだ。

「考えてもみてくれ」

怒鳴りつけるようにして言うと、まちがっているのはカウンセラーで、正しいのは自分だと妻に説明を始めていた。

「よりにもよってリサは月並みな頭でしかないと連中は言っていた。ちょっと前まで成績はオールA、優等生名簿の常連だ。そんな子のどこが月並みなんだ」

「娘さんは自分をひどく追い詰めている」。カウンセラーにそう指摘されたのをジョーは思い返した。「娘さんの悪夢は親ごさんへの怒りを意味しており、とくに期待ばかりを押しつけるお父さんに対する怒りは激しいようです」。

　結局、マリーにはこう言って納得させた。あの連中は心理学オタクのようなもので、悪気はないのだろうがリサのことはわかっていない。少なくとも自分のようにリサのことは理解していない。

　翌日、ジョーは満面の笑みでふたりの前に現れ、問題の解決方法が見つかったと突然打ち明けた。そして、最新のコンピュータと学習ソフトを買い込んだことを家族に告げた。これなら毎日二、三時間、リサとふたりきりで勉強できるし、そうなれば成績も戻るだろう。クリニック通いをやめればコンピュータの代金にまわせる。カウンセラーが指摘するように、リサが自分に怒りを感じているのなら、親密な時間を毎日過ごすことでその問題も解決できるはずだ。これで昔のリサを取り戻せるのなら願ってもないとジョーは考えた。結局、娘のことを一番案じているのは父親なのだとジョーは自分に言い聞かせていた。

人が暴走を始めるとき

娘のために最善を尽くしたいだけだとジョーはマリーになんどもそう語っていたが、ジョーは嘘をついていた。マリーばかりか、そう口にする自分自身もジョーはあざむいていた。本人は心から娘の幸せを願っていると思い込んでいたようだが、じつは周囲に対して、娘の将来を熱心に案じる父親だと印象づけるために最善を尽くしていたのだ。そして、ジョーが心から望んでいたのは娘がもちかえるオールAという成績だった。

ジョーとは私も面識がある。望んだものはかならず手に入れてきたような人物で、自分はつねに正しく、自分の方法こそ正しい唯一の選択だと信じ切っている。こんな考え方ができるので仕事でもやり手だ。完全主義だと評価する人もいれば、強引で押しつけがましいと言う人もいる。

だが、こうしたレッテルではジョーの不健全さを言い尽くしたことにはならない。ジョーはいつも自分の流儀を押し通し、限度というものを知らない。譲歩とか遠慮というものがわかっていない。望みのものを手にするまで突き進むタイプで、時にはそれが功を奏することもある。人生で勝利を得るには、そんながんこさもある程度は必要だ。しかし、ジョーの場合、突き進んでいいときを誤るばかりか、状況も読みちがえてしまう。控えなければならないときにかぎってその言動はいっそう激しさを増していた。

虚栄心も強かった。家族には自分のイメージが反映すると考えている。リサの印象が好ましいものなら自分のイメージも高まる。それなら、父親のよきイメージを人に伝えるのは娘としての義務だと心では考えていた。自分が人の目にどう映るのか、世間が抱く自分のイメージをジョーは気にしていた。そうした強い思い入れとはうらはらに、人の思惑など関心の外。自分のことには没頭しても、心から娘を思いやることなどジョーにはできる相談ではなかった。

だが、妻や娘を苦しめたのはジョーの虚栄心が直接の原因ではない。一番の原因は思いやりと気づかいを隠れみの（潜在的攻撃性パーソナリティー特有の挙動）にして、すきあれば自分の考えを誰にでも押しつけていたジョーの行動が問題を引き起こしていた。

表面的な様子とは対照的に、人はどのようにして抜きさしならない感情的な支配を家庭におよぼしているのか、ジョーの例はそれを教えてくれる典型だ。もちろん実際にあった話である。リサがいつも同じ悪夢にうなされていた点に興味を覚える方がいるかもしれないが、その夢は誰かが父親を傷つけようとしている内容だった。古典的な精神分析家なら、リサは無意識のうちに父親を傷つけたい、あるいは殺したいと願っていたと指摘するだろう。娘は娘で父親の無慈悲には本能的に気づいていたが、リサは正面切ってそんな思いをぶつけられるタイプではなかった。夢のなかであれば、心おきなく自分の感情をさらけ出せると考えたのだろう。

妻の心はどうやって操作されたのか

ここでひとつ疑問がわいてくる。マリーがどうやって夫に操作され、夫の考えに同調していったのかという点だ。マリー自身、胸のうちでは夫の理不尽に気がついてはいた。このケースでは、検討が必要な事実がまだいくつか残されているが、じつはマリーが口にしそうな反対意見など手もなく黙らせる方法をジョーは十分心得ていたのだ。

ジョーは自分の妻が極端なほど良心的な人間であるのを知っている。どんな事情にせよ、主婦や母親としての義務をないがしろにし、満足に責任が果たせなければ途方に暮れてしまうようなタイプだ。そんなマリーが夫と正面からぶつかるなら、ジョーがとる方法はただひとつ、自分にあれこれ指図することはリサの幸せを否定することに等しいと思わせればよかった。マリーの目に父親だけが娘を心配していると映れば、自分は娘に冷淡な母親だとそう考えるようになる。

この例からもわかるようにジョーはきわめて効果的な手口（その方法については第9章でさらに詳しく探る）で、自分の言動は当然のものとしてふるまい、それを自分でも信じ、そんな自分に反抗するのは過ちだと妻を納得させていた。自分自身ばかりか、ジョーは家族全員に対して自分勝手なくわだてを「合理化」させていたのだ。

この合理化でジョーは自分ほど娘に心を砕く者はいないという思いを肥大させた。だから転校前の学校の教師を投げやりだとか責任放棄だと非難した。それとともにこうした合理化は、妻のマリーには、自分は夫のようにはできない、つまり娘に対して夫とは同じ愛情を注いでいないと思い込ませる十分な説得力をもっていた。

そればかりではない。ジョーの本当のたくらみはこの合理化で覆い隠すこともできた。真の望みは成績抜群の娘であり、そんな娘なら自分のイメージはもっとアップしてすでに十分に肥大したエゴをさらに太らせてくれる。本当のことを言えば、ジョーが気をもんだのは娘の幸福ではなく、権力志向を存分に満たしたいという自分ひとりの欲望だった。

娘があがいていたにもかかわらず、ジョーは父親の役割を果たすのを事実上「否認」し、その責任を他者に転化していた。一分間だけでもよかったのだ。自分こそ問題の張本人だとジョーが認めることができたなら、ジョーにもやり直すチャンスがあったのかもしれない。

ジョーの「否認」は古典的な精神分析学で言う、自己像を守るためでも防御のためでもない。ジョーはこの否認によって自分のたくらみを押し通すことにゴーサインが出せたのだ。そうでもなければとてもできるような真似ではなかった。そして、この点は非常に重要だ。ジョーが否認に躍起になっていたとき、それによって守るもの、防御するものがあったわけではない。自分の望みを阻む障害という障害を圧倒し、他人の意志に抗うことを第一の目的にジョーは闘いつづけていた。

リサのコントロールなどジョーにはお手の物だ。自分の期待に応えられるのなら、いつまでも見捨てられずに可愛い娘のままでいられるというさりげないメッセージ(それは言葉を介してのものではなかったが)を絶えず発信していた。それに反発して、リサが自分の意志を押し通そうとし、あるいはこの期待に応えられないようなら、相応の結果が待ち構えていることをリサ本人がそれとなく悟れるよう抜け目なく手をまわしていた。

私が覚えているのは、自分の意に沿わない者は罰するという「暗黙の威嚇《いかく》(不鮮明な威嚇)」をジョーがいかにさりげなく、それでいていかに効果的にちらつかせていたかである。ジョーの場合、時折見せる目配せひとつとっても相手を怖じ気づかせるには十分だった。周到に隠されてはいたが、リサの学力や心理状態を検査し、反抗的な態度を未然に防ぐために訪れたクリニックへの道すがらでもジョーは懲罰をちらつかせた。

手慣れた陰の実力者として、家庭のパワーバランスを脅かす可能性がある存在にジョーは目敏かった。検査を受けたクリニックで、カウンセリングの目的に満足したリサは、このカウンセリングが懲罰とはうらはらに、鬱屈した自分の思いにはけ口をもたらす絶好のチャンスだと考えた。だが、ジョーは素早くその機会を奪い去る。

そして、クリニックのスタッフには丁重にこう伝えた。すべて丸くおさまったので、当家に対する治療はもうこれ以上必要はないでしょう。力の均衡が冒されるかもしれないことにジョーは気づいていた。ジョーは、その権力を維持して家族をコントロールし、支配者として君臨しつづけるために必要なことをやったにすぎない。

リサの場合、患者の指導という点では治療法の失敗も意味していた。マニピュレーターが支配する家庭で、被害者に勝利をもたらす対応を試みるのなら、マニピュレーターに敗北感を抱かせるような真似は絶対にしてはならない。彼らを相手にするときは、双方ともに満足する〈ウイン‐ウイン〉の関係にもちこむシナリオを組み立てることが重要だ。これについては第10章でさらに詳しく説明することにしよう。

第3章　満たされない権力への欲望

攻撃性パーソナリティーにとって、力を手に入れ、他人を支配できる地位を得ることに勝るものはない。不動産業界では、ビジネスの三つのポイントとしてこんなモットーが古くから語り継がれている。すなわち、「一に場所《ロケーション》、二に場所、三、四がなくて五にも場所」。同様に、攻撃性パーソナリティーにとってもポイントはただ三つ。「一に地位《ポジション》、二に地位、三、四がなくて五にも地位」なのだ。

もちろん、誰しも生きていくうえでなにがしかの権勢は望むものであり、そうした思いを抱くこと自体も不健全ではない。だが、権力に対してどのような野心を抱き、どのようにそれを追い求め、そして手にした権力をどのように行使するかで、その人間がどの程度の人物かということがはっきりとわかってくる。攻撃性パーソナリティーは冷酷なまでに野心を抱きつづけているが、そんな正体を自分が秘めていることは人にはおしかくしている。ここで紹介する聖職者の例は、本当に仕える神をめぐり、自分ばかりか家族さえあざむいていた。

聖職者の義務

その日、妻のジェーンと子どもを連れて住み慣れた家をあとにしたとき、ジェームズもいささかうしろ髪を引かれた。住んでいた家は片田舎の由緒ある教会に並んで建っている。都会に引っ越すことは子どもたちにもすでに話していた。町に移り住めば楽しいチャンスに恵まれ、やりたいことも山ほど見つかるはずだ。キャンプやいかだ下りはもうできそうにないが、そんなことで文句を口にする暇もあるまい。

都会の教会なら世話をする信者も増え、夫婦に新たなストレスが加わる。そのことに妻のジェーンも自分と同様の不安を抱いていたが、妻のそんな不安をジェームズは抑えつけた。主への勤めがなによりも優先されるのをジェーンはあまり受け入れてくれない。そう指摘するジェームズはなかなか堂に入っていた。夫が言うように〝自分本位〟なのはジェーンも自覚しており、そんな自分をサポートしてくれと改めて夫に頼んでいた。

小さな教会は引っ越しの話で何週間ももちきりだった。噂では、キャピタル・シティの信徒集会の担当に就任することは長老職への登竜門だというが、「主の御心は私にわかることではありません。お導きのままにしたがうまでです」と、噂に対してジェームズはいつもと変わらない謙虚なようすで答えた。

キャピタル・シティで信徒集会を世話する牧師は、ジェームズの裏表のない献身とその情熱に感心していた。聖書の勉強会を乞われるたび、ふたつ返事で信者の家々を訪れていたので、毎回毎回その必要があるわけではないと牧師はよく諭していた。しかし、ジェームズは、主に仕えることでその御力にふれ、普段以上に信者の世話を焼くことができると答えていた。

熱のこもった説教を聞きたいばかりに日曜礼拝に集まる信者の数も増えていく。信者はジェームズの献身ぶりをよく讃えたが、本人はいつも顔を赤らめ、聖職者として人のために働けるのは言葉にはできない喜びと満足を得られること、そして神のしもべであることの幸せを会う人ごとに説いていた。

みんなジェームズを気に入り敬意を寄せているようだ。だが、ジェーンにはそれが原因で夫が再び近づきがたいものになっていた。夫に一度ならず指摘された、自分の身勝手ぶりに引け目を感じていた。しかし、寂しい夜を過ごすことにはもう我慢できない。夫とじっくりと話したいし、引っ越してきたばかりで戸惑っている子どもたちが、新しい学校や近所になじめるようにするには夫の協力も必要だった。

後任がまだ決まっていない以前の教会に戻れないかと尋ねてみたが、ここにとどまるジェームズの決心は固かった。ついカッとして、では自分は出ていくと口にしたが、話し合いが終わるころにはいつもやましさにとらわれていた。夫の言うことはいつも正しい。主の意志に勝る願いはありえないというその指摘ももっともだ。「主の意志でもなければ、どうしてこれほどの幸運が舞い込んできたのだろう」。ジェームズはそう言っていた。家のことは、やはりこのまま自分ひとりで守っていくしかない。子どもにもよくわかってもらえるようにがんばろう。

週末に開かれた定例の会議で、ジェームズは牧師の言葉にちょっと驚いた。

「すでに耳にしているかもしれないが、長老会の候補として、君が準備を始めてもおかしくないと話す者がいるようだ、私としてはまったく異存はない」

牧師はさらに言葉をつづけた。

「ただ、どういうわけか、君がご家庭で問題を抱えているのではないのかと口にする者もいて、もし、それが本当なら厄介なことになるかもしれない。こんな噂にもそれなりの真実があるとすると、私としては君の推薦を見送ることになってしまうかもしれない」

その夜、ジェーンは耳を疑った。ベビーシッターの手配はもうすんでいると夫が言うのだ。ふたりだけの外出は久しぶりだ。料理を前にしてジェームズはこんな予定を告げた。今度の週末の連休は家族そろってキャンプと釣りに出かけよう。牧師と相談して教会の仕事もだいじょうぶだ。

「いったいどうしたの」。そう尋ねるジェーンにジェームズはこう答えていた。

「もう一度最初から考え直してみたよ。結局、この世で一番愛しているのは君しかいない」

隠された支配欲

ジェームズは潜在的攻撃性パーソナリティーであり、神への献身と信者に尽くす聖職者の立場を隠れみのに、地位や名声、権力に対するその野心や支配欲を満たしていた。ジェームズの性格には大きな欠落が生じている。健全な性格の持ち主なら、自分の利益とほかの人の利益や必要をどうバランスさせればいいのか知っているが、ジェームズはその点についてまったく学んでいなかった。

信者の求めにはすべて応じると口にする一方、自分の家族を顧みないことが常習化していた。信者の用に仕えても、その心は信者から大きく隔たっていた。自分の野心に仕えることこそ、ジェームズの本当の目的だったのである。家庭問題を抱えていては長老会の昇進も反古になるとほのめかされたとき、ジェームズが示した対応こそまぎれもないその証拠だ。

ジェームズは妻のためにすかさず時間をつくった。もっともそれは牧師の言葉がジェームズに奇跡的な改心をもたらし、本心から人に尽くしたいと願う人間に生まれ変わったからというわけではない。ジェームズがいまも心に抱くのは権力に対する欲求であり、健全な家庭を営んでいる外観を取り繕えなければ、その野心をかなえることはできない。

権力の使い方が人の本性を暴く

ジェーンは私が知る人のなかでも、とりわけ私心の薄い、寛大な心に恵まれた女性だ。少々私心がなさすぎと言っていいのかもしれない。こうしたジェーンの見返りを求めない献身に夫のジェームズはつけこみ、自分の妻を利用しつづけていた。

夫に対してジェーンが家族にもっと関心を向けるように切り出したとき、ジェームズは妻の罪悪感を刺激し、羞恥心を巧妙にかきたてる手口で、ジェーンは夫の自分に対して要求ばかりしていると思い込ませていた。じつはジェーンの実家は家族関係が破綻し、本人は家庭環境に日ごろから恥辱感や罪悪感を抱いていたため、ジェーンには他人がほのめかす罪や恥の意識に敏感に反応してしまう一面があった。

私が知る潜在的攻撃性パーソナリティーの持ち主のなかでも、ジェームズほど〝忠実なしもべ〟を心得ていた者はいない。ジェーンは、直感では夫は家族も顧みない自分勝手な人間だと感じていたが、教会の仕事に無私無欲で献身するその姿を何度も目の当たりにしていた。そんな夫と自分の直感をどう折り合いをつければいいのか、そもそもジェーンにできるようなことではなかった。

みずからに課された仕事に対して、無私の献身を捧げるものとジェーンは心から信じている。だから、夫が忠実なしもべであるかぎり、そんな夫に身勝手な要求ばかりしていると見なされてしまえば、ジェーンはその指摘を黙って受け入れるしかなかった。

ジェームズの本当の性格は、権力をどう追い求め、どのようにその力を行使したかで知ることができる（ジェームズだけでなく、これは誰にでも言える）。ジェームズの場合、家族を犠牲にして権力を追い求めただけではなく、そうして手に入れた力をみだりに用い、妻が示した抵抗を神のしもべの名を語って抑圧していた。

権力は腐敗するものだと言われるが、ジェームズの場合、権力それ自体に人を堕落させる力などないことを示す生きた証だ。権力の獲得に無節操にもかりたてられ、ひとたびそれを手に入れるや、今度はその乱用に走らせたのはジェームズ本人が抱えていた性格上の欠点が原因だった。ここ数年、著名なテレビ伝道師が何人となく姿を消したのもジェームズと同様の欠点を彼らもまたその性格に抱えていた。

権力そのものが人間を腐敗させたのではないとはいえ、だが権力には腐敗を悪化させる側面はたしかにある。抑制を欠いた権力への執着と不謹慎な言動は、こうした者たちが抜き差しならない潜在的攻撃性パーソナリティー障害であることを示す偽りのない証拠だ。じつは彼らはみな最初から権勢に飢えたマニピュレーターだったのである。

ただ、権力そのものは腐敗しないという自説をおぎなうために次の例をあげておきたい。

幼いわが子に対し、親に許されている途方もない力を考えてほしい。子どもの成長にとって重要な意味をもつ幼児期、この時期の子どもをもつ親は子どもに対して文字どおりの生殺与奪権を握っている。だが幸いにも、その力の乱用は一部の例外にとどまり、どの親も途方もない恐れと用心深さで授けられた力を使っているのがほとんどだ。

健全な性格に恵まれた親なら、自分に委ねられた圧倒的な責任にきわめて良心的に向き合い、その責任をなんとかなしとげようと全力をかたむけるのが典型的な姿であり、普通、自分がもつ力をみだりに振りかざすような真似は控える。もしも、権力それ自体が人間の堕落を招くのなら、人の子どもが生き残ることはこれまでできなかったのではないだろうか。

ジェームズの場合、その後、権力を得るにしたがい、正体を明らかにする場面がますます増えていった。時をおかず、信徒集会で少なからぬ影響力を持つメンバーと小競り合いを起こすようになると、意見の不一致がますます頻繁に起こるようになっていく。

もめごとの原因はいつも同じ――そう、権力の扱い方にほかならなかった。信徒の多くがこうしたいと主張しても、ジェームズは別の方法でやると言って耳を貸そうとしない。しばらくのあいだは、例のいつもの手口で相手の罪悪感を刺激し、その羞恥心に巧妙につけこんで自分の主張を正当化するという方法が功を奏して思いどおりにすることもできた。結局、この状態を見かねた信徒集会のグループによって、ジェームズの転任を求める嘆願書がひそかに提出される。

ここにいたってジェーンの望みはようやくかなえられた。転任先は以前の教会だった。主の御業は時としてまか不思議な形でなしとげられるものなのである。

第4章　虚言と誘惑への衝動

潜在的攻撃性パーソナリティーを相手にするのはしなやかなムチの一撃に似ている。激しい痛みが体の芯にとどくまで、何を打ちつけられたかがわからない。どのような関係にせよ、巧みなムチの使い手とかかわるような経験がこれまでにあるのなら、相手がどれほど魅力に富んで愛想のいい人間になれるかご存じのはずだ。人をあざむくこと、人の心をとろかす手口をきわめた者たちだ。見たいと望めばそれを差し出し、聞きたいと願えば望みの言葉を語ってくれる。

ここで紹介する例はまさにその見本のような人間だが、人の心臓をえぐり出す力を秘めつつも、相手を魅了し、自分の思いどおりに操作するどのような手口にも精通している。

ドンとアルの物語

アルを嫌う者はひとりもいない。アルが配属されてから、営業成績はずっと右肩上がりで、会社のイメージもずいぶんよくなった。それどころか、社員の士気がここまで高まったのもはじめてだ。会えばかならず称賛してくれるので、自分が本当に必要とされている人間だと思えてくる。心から自分を気に入り、評価してもらえているのが伝わる。同じチームで働きたいと願うのは、アルは自分の味方だと思えるからだ。アルにはなにかがある。そうカリスマ性。だから、みんなアルに惹かれていく。

だが、ドンは最初からそうだったわけではない。ビジネスの世界に長く身をおき、いろんなタイプの上司のもとで働いてきたので、それほど素直に人は信じられない。アルがそばにいると、ときどき落ち着きをなくしてしまう。アルに感謝されたときも、たびたび受けるサポートの申し出のときもそんな気詰まりがぬぐえなかったが、それがどうしてなのかドンにも特定はできなかった。

アルの会社への貢献、会社に対する社員の忠誠心をどれだけ高めたかについてはドンも否定しない。自分が一目おかれ、支持されているという思いで気持ちが一新できたのもアルのおかげだ。それは認めよう。だから、ほかのみんなと同じようにドンもやがてアルに惹かれていった。

ある日、噂を聞いたドンは自分の耳を疑った。アルが新人採用を計画しているというのだ。もう年も年なので、以前のような営業記録の達成は、自分には無理だとドンにもわかっていた。だが自分の雇用についてアルは何も口にせず、いつものように自分を褒めつづける。それればかりか、長年におよぶ会社への貢献に表彰してくれたばかりだ。このまま会社をクビになるのか、それを確かめるにはアルに直接問いただしてみるのが一番だとドンは考えた。

「わざわざ手間をかけて申し訳ありません。なんの説明もないまま、気分を害してしまうような真似をして、そのことでお怒りだというのなら本当に申し訳なく思っています。いつもこんなやりかたです。でもドン、これだけははっきりとお伝えしておきますが、あなたは好きなだけ、いつまでもこの会社で働いていてかまいません」

それを聞いてドンも安心した。そして、さきほどまで相手を疑い、不信感を抱いていたことを思い出して、気恥ずかしくもあり、うしろめたさも感じていた。

だから新人が同じ部署に配置された当日、ドンはもう何を信じていいのかわからなくなった。新人のジェフはアルに採用されて入社した。そして、この部署で働くように命令されたというが、ここでジェフがどんな仕事をするのかドンには理解できなかった。ジェフも自分も歩合で働き、ドンが現在抱えている顧客の半分をジェフが引き継ぐとアルは言っているらしい。そうなれば、やがてドンが経済的に大きな痛手をこうむるのは明らかだ。

ドンは怒り狂った。怒りの矛先がはっきりしないことにとくに怒った。アルとジェフは以前から知り合いで、入社について二人は何カ月も前から打ち合わせていたという話だが、それが本当かどうかドンには確かめようがない。そして、ジェフの入社が決定したのはアルが自分の雇用を個人的に保証し、永年勤続を表彰したまさにその日だという。これほど見えすいた嘘をつかれたにもかかわらず、ドンは何ひとつ証拠をつかめない。

アルが何も教えてくれないことにドンは一番困惑していた。「会社のため、会社の将来のために担当している顧客を新人と割ってほしい」と言われるならまだしも、アルが実際にそう説明をしたのはあとになってからのことだった。たしかに年は年だが、「前例のない仕事ぶりで販路を開拓し、顧客数を再びもとに戻してほしい」。アルからはそんな指示もいっさい受けていない。そして、どうしても許しがたかったのはアルが口にした激励の言葉だ。

「以前にもお話ししたように、あなたの実力はこんなものではないと信じていますので、ぜひこのまま会社にとどまってほしいのです。おやめになりたい気持ちもわかっているつもりですが、このまま残ってくださることを期待しています」

ドンは難しい選択に直面した。会社にとどまり、体調も体力も衰えたこの年になって新たにスタートラインに立って仕切り直すか、それとも早々に引退してつましい生活に精を出せばいいのか。顧客が減って収入が半分になっては生活が立ちゆかないのもわかっていた。

やはり自分はいいように利用されていたのだという思いが募る。アルが何も教えてくれなかったのは、自分が早々と退職することをとどめるためであり、そうすれば抱えている顧客リストを混乱させて客を逃がす心配はなくなる。そんなことにでもなれば会社に余計な金を使わせ、〝トップスター〟のアルのイメージにも傷がつく。

ドンは自分がひとり取り残されたように感じていた。周囲はまだアルのことが大好きだった。

抜け目のない人

誰にもアルそっくりの知人はいる。どこから見ても聡明で魅力にあふれ、相手を支持することで自分に対する忠誠を引き出す。だが、アルが抱いていた関心はただひとつ、自分ひとりの利益しか念頭にはなかった。嘘もついていた。その嘘はあからさまなものではなかったが、意図的に言葉として語らない、つまりミスリードさせることで相手をあざむいていた。

ドンが雇用について尋ねたとき、アルはみごとなほど誠実さを欠いていた。じつを言うと、ドンのクビはまだ計画されておらず、必要であれば雇いつづけるつもりでいた。しかし、アルが望んだのはドンを愚弄し、最後にはドンが自分の意志で会社を去ることだった。見えすいた嘘も口にしていないので、自分の評判をそこなう心配もない。肝心な言葉をわざと省略して真実をごまかすことで、アルは自分の汚れ仕事を手際よく片づけることができた。

ドンの存在はいずれ会社の負担になる。その問題についてアルはドンと直接話し合うこともできたが、この問題にアルは直接向かい合おうとはせずに回避することを選んだ。その選択はドンの感情に配慮したものではなく、アル個人の思惑によるものだった。

新人のジェフが一人前に育つには時間もかかり、仕事を学ぶにはドンは貴重な助けになる。そのドンがやめたり、クビになったりしては、引き継いだ顧客の反応もいいものではないし、ひいてはアルの輝けるイメージにも影が差す。しかし、かりにドンがやめたとしても、慰留されていたとわかれば、よき上司という自分の印象を守ることもできる。考えに考え抜かれたこうした狡猾な策略こそ、アルが潜在的攻撃性パーソナリティーだという明らかな証拠だ。

ドンは私の治療を受けることはなかったが、アルとの関係がどれほどの苦しさをもたらしていたかは十分に理解できる。アルについて言えば、その後ついに馬脚をあらわすにいたった。事件を起こして現在は刑務所で服役中だ。どのような人でもいつもそつなくたぶらかし、本人も逃げおおせるものだと考えていたようなだけに、まずはめでたしと言えるだろう。

だが、このエピソードは、アルが抱えていた致命的な欠陥についてある教訓を導いてくれる。それは、運命によってアルの冷酷さがたまたま暴かれることがなければ、欠陥はアルの性格に刻み込まれたまま、本人はその後もずっと正体を隠し通すことができたはずなのだ。

第5章　手段を選ばない闘い

ビジネスの世界は食うか食われるか、頂点を目ざすには死にものぐるいで昇り詰めていかなくてはならないと言う人がいる。だが、そのような競争においても、人の能力を高める公正な競争があれば、時に職場を大混乱に陥れる卑劣な策略が横行する競争もある。それだけに、同僚が潜在的攻撃性パーソナリティーなら、きわめて激しいストレスを職場にもたらしてしまうことにもなりかねない。

次に紹介するのは、自分の欲望を満たすためにフェアに競うことを拒んだある女性の例だが、本人が抱いていた動機や野望、権力や地位に向けられた欲求それ自体に問題があったというわけではない。彼女自身のコントロールがいきとどいていれば、こうした野心は健全な上昇志向をはぐくみ、同僚を助け、会社の業績を高めるという、むしろ企業人として望ましい特質に変えることもできるものなのだ。

だが、この女性のケースが問題なのは、目的をかなえるために選んだその悪質な手口にあった。

会社で一番の社員

経営に必要な経験や教育こそないが、ベティはこの会社にとって欠かせないひとりだ。その点では誰の意見も一致している。難しい案件では社長もベティのやる気と最後までやりとげる力を当てにしている。業務全般に通じ、難しい局面もなんどか乗り切った。ベティは会社が本当に必要とする社員なのである。

どの部署でもベティのことは買っていたが、なかには煙たがっている者もいた。意見が割れるとなんだか居心地が悪くなってくる。いっしょに働いたことがあるひとりは、ベティに異議を唱えたときを覚えていた。そのとき直感的に感じたのは、隣家とのフェンスに近寄ったらフェンス越しにドーベルマンがいて、うなり声をあげてこちらに牙を剝いている。そんな感じがしたと言う。

誰かにひどい仕打ちをしたことがあるわけではない。しかし、ベティを敵にまわすのはあまり賢い真似ではないのはみんな本能のように感じていた。

ジャックが新任の役員補佐として入社したとき、会社の改善におおぜいの社員が期待を寄せた。役員補佐としてこれまで何人もが失敗をくりかえしたが、ジャックについては会社のことを一から勉強できるよう、自分も力を尽くすとベティは社長に告げた。やる気に満ちた力添えの言葉に社長はいつものように感謝すると、ベティにジャックを引き合わせた。会社のことはベティになんでも相談できるが、くれぐれも失礼のないようにと社長はジャックに忠告した。

ベティはたしかに役に立った。ジャックの肩はもったが、改革案の大部分は効果などあまり期待できるものでないのはベティにはよくわかっていた。だが社長には「ジャックは真剣だ。ただそのアイデアは十分に練られたものではない」という趣旨の報告を欠かさず、仲間にはジャックが会社になじむまで〝もう少しようすを見てあげて〟と伝え、今度の改革でとくにみんなが心配するような事態は起こらないだろうと教えていた。しばらくは目を光らせているとみんなを納得させ、社長のもとにも定期的に出向いて、ジャックに関することは欠かさずにその耳に入れつづけた。

ベティがいささか驚いたのは、同僚のなかにジャックの改革案について賛同する者がぼちぼちと現れはじめたことだった。驚きはさらに大きなものに変わる。週ごとの報告で聞いていた社長のコメントの調子が変わり始めたのだ。

「しっかり目を光らせてくれてありがたい」。そんなコメントがめっきりと減り、代わりに「はじめのうちはジャックの考えはよくわからなかったが、いまになってようやくその意味がわかってきた」「社員もジャックの改善計画は支持しているようすだ。どうやら、ジャックを選んだわれわれの目に狂いはなかったようだ」と、そんな言葉を口にするようになっていたのだ。けれど、おそらくベティが一番驚いたのは、日を追うにしたがって自分の仕事がどんどん減っていく、その事実に気がついたときだったかもしれない。

ジャックに好意を示す周囲の人間が増えつづけ、ベティもその事実に気がついた。ある日、社長夫人と昼食をいっしょにすることがあり、そこでベティは社長とジャックが個人的にも親しくしているのを知って驚いた。また、社長個人について、自分も知らない突飛でがんこな一面があったのは初耳で、以前雇っていたお抱え運転手がゲイだと知ってクビにしたこともあったらしい。

しばらくしてベティは友人を相手に、社長といっしょの仕事は本当に苦痛でしかたがないとこぼしていた。そしてこんな話を始めた。

自分としてもジャックのことは傷つけたくはない。しかし、ジャックの人となりについては、社長であるならきちんと知っておいたほうがいいし、そのほうが会社のためにもなるだろう。

「どうしてもあなたに知っておいてほしいのは、ジャックの計画は目先だけで、その点で私はジャックに賛成することができないの。もちろん、個人的にはジャックのことは好きよ」

そう言い張ると、こんなふうに話をつづけた。

「ジャックのあの件についてはあれこれ口にしている人もなかにはいるわ。でも、そんなことは私にはちっとも問題じゃないの。彼の好みが女性だろうと男性だろうとね」

自分と社長のあいだにできた溝がどんどん広がっていくことにジャックは悩んでいた。これまでの親密な関係がこうも簡単にだめになってしまう理由など、ジャックには思いもつかなかった。社長と話し合う機会が減ったことで、そのぶんベティを頼りにするようになり、ベティを通じて仕事の話を伝え、改革案の実施を社長にうながしていた。

社長はいくつかの点で改革案に不満を強めているとベティはジャックを諭し、直接会って感情的なやりとりになればジャックの解雇につながってしまうかもしれないのでそれは望んでいないことをジャックにわからせた。ジャックのほうはベティといるとむしろ安心できるときもあった。次の勤め先になりそうな会社をわざわざ探してくれたのもベティだった。

ジャックが会社を去った日、誰もがみんなびっくりした。ベティを除く全員が驚いていた。結局ジャックもこの仕事には向いていなかっただけ。ベティは自分にそう何度も言い聞かせ、周囲にもそう語った。

この会社にとって何が一番大切かを知っているのは、やはり古くからいる自分しかいない。しかし、ジャックやその後任を考えている人たちのことで気をもんでいる時間は自分にはもうない。山ほどの仕事がベティを待っているのだ。

薄汚い手口

職場をひっかきまわすような女性社員のことや、いまの時代にもある女性差別について、根強い固定観念に縛られた人たちがどんな反応を示しているかは私も知っている。どのようなタイプであれ、過剰に攻撃的なふるまいにおよんだ場合、男性と女性のどっちがましかという話になれば、性別によってその評価ががらりと変わることがあるのも心得ているつもりだ。だから、ベティの攻撃的なパーソナリティーを検証するには、不適切な表現を伴う危うさをはらんでしまう。

しかし、それでもなおこのエピソードを読んで不快な思いを抱かれるのは、ベティという女性がまぎれもない潜在的攻撃性パーソナリティーの持ち主だからであり、女性として好戦的だからということではない。ベティがどんなやり口で事におよんだのか、その方法が不愉快なのである。ベティの攻撃はじつに悪質で卑劣だった。

無知が招く危険

ジャックが会社を去ったのは、職場という競争の場における縄張り意識、あるいは好戦的なパーソナリティーが自分の縄張りをどのようにして守り抜いているか、こうした点に関してジャック本人があまりに無知だったからである。

ジャックは役員補佐として雇われたが（この役職自体、それまでにも何人もの人間が試みたにもかかわらず、形にすることも完遂されることもなかった）、それ以前からこの職務は別の者がその役回りを果たしていた。じつは、入社した目的を果たそうとしたときからジャックは、ベティが自分の縄張りだと主張する領地に踏み込んでいたのだ。ベティは最初から目をこらしてジャックの弱点をうかがい、もっとも効果的な攻撃ポイントを探しつづけていた。

ベティの性格がわからなかったので、ジャックには、自分の権力維持を図るためにベティがどんな行動に出てくるのか、予想の立てようもなかった。それどころか、自分のために骨を折るベティの行為のすべてが、見せかけではなく心からのものだとジャックはそう思い込んでいた。

多くの人たちと同じく、ジャックもまたこの世には自分とはまったく異なるパーソナリティーをもつ人間が存在するという事実を受け入れることができなかった。ヒツジの皮をまとうオオカミ、あるいはオオカミそのものを見抜く方法に無知であるのは致命的な欠点になる。今回の件を通じて、こんなタイプの人間が存在することはジャックも知ったが、ジャックの場合、あいにくなことにかなり厳しい状況のなかでその事実を学ぶことになってしまった。

反応的攻撃性と略奪的攻撃性

ベティに特徴的に見られる、自分の思いどおりにふるまい、権力に固執するそのスタイルは、攻撃行動の格好の見本となるものだが、こうしたスタイルに対してはこれまで、ほとんどの専門家が特別な注意を払うことはなかった。

24ページでも説明したように、攻撃性はふたつのタイプ、つまり「反応的攻撃性」と「略奪的攻撃性」（略奪的攻撃性については〝道具的《インストルメンタル》〟という用語を好んで使う専門家もいる）に二分することができる。反応的攻撃性は、差し迫った状況におかれた人間が示す感情的な反応で、意図的なものではなく、死ぬほどの恐怖に直面してどこにも逃げ場がないときに示す無意識の反応だ。

反応的攻撃性と略奪的攻撃性はまったく異なるタイプの攻撃性だ。これについては、かつて参加した研修会で、ある研究者が絶妙のたとえ話を用いて説明を行っていた。[*24]

その研究者が指摘するのは、ネコという動物は、危機的な状況に直面（たとえばブルドッグがにじりよってきた）したとき、ある定型的な行動をかならず示すという点だ。はじめは背中を弓なりに曲げ、次に爪をむき出して、シューシューとうなり声をあげる。体毛を逆立て、ネコがどんな感情を抱いているのかはそのしぐさから手に取るように伝わる。

恐怖に脅えながらも、ネコがいつ襲ってくるかわからない相手から目をそむけることはない。こちらが臨戦態勢にあるのが一目瞭然で相手に伝わるよう、ネコはあらゆる手段を尽くしている。ネコの意図に応じて相手が後退してくれるならもう闘う必要がなくなる。〝敵〟も何が起ころうとしているのかを知ることで危険を回避するチャンスが得られる。

一方、略奪的攻撃性あるいは道具的攻撃性は、反応的攻撃性とは明らかなちがいを示している。略奪的攻撃性は反応的攻撃性に見られるような瞬発な反応ではなく、周到に用意された意図的な行動なのだ。恐怖にかられたからではなく、むしろ欲求にうながされた行動である。だから、そのようすも反応的攻撃性とは異なっている。

獲物を探していたネコがたとえばネズミを見つけると、ネコは体を伏せ、その気配を殺してあたりをうかがう。体毛は寝かせている。できるだけ静かに落ち着いた状態のまま、獲物にとびかかる機会をうかがっているのだ。何が近づいているのか、ねらわれたほうはそれに気がつくこともできない。かりに気づいたとしても、そのときはすでに手遅れになっているのが普通だ。

ネコがランチのためにネズミをつけねらうとき、その行動はネコがネズミに抱いている恐怖心が原因だとするのは、言うまでもなくばかばかしい誤りである。同様に、ネコはネズミに対する怒りにかりたてられたのでもなければ、〝憤懣やるかたない問題〟が原因でもない。もちろん、ネズミに負わされた虐待がトラウマになってネコはこんな行為におよんでいるわけでもない。

だが、略奪的攻撃性パーソナリティーに、アンガーマネジメントの教室を紹介し、あるいはグループセラピーで恐怖を克服させようというとき、専門外の人はもちろん、メンタルヘルスの専門家の多くもまさにこれと似たような発想に立っているのだ。略奪的攻撃性のなんたるかをなかなか理解できない人がいるが、こういう人たちはまた、すべての生き物には略奪的攻撃性の一面があるという事実を素直に受け入れることができない。

ベティは職を失うのではないかという恐怖を抱き、その〝脅威〟に対して自分の敵を取り除くという〝反応〟を示したという見方もあるだろう。しかし、紹介したエピソードのなかでベティが示した行動は、とてもではないが脅えているネコと呼べるものではなく、むしろ獲物を前にして身をひそめたネコのしぐさに似ていた。

略奪的攻撃性にかならず見られるように、ベティもまた恐怖や感情ではなく、みずからの欲望にかりたてられてこうした行為におよんだ。ネコがネズミというランチがお目当てであったように、ベティもまた彼女が抱いていた権力や地位に対するみずからの欲求に応じたものだった。権力をその手におさめ、その権力を守り抜く段になると、ベティの狡猾は冴えわたり、悪知恵にも恵まれていた。

ジャックをつけまわしているあいだ、ベティは低く身をかがませ、息を凝らして気配を押し殺していた。そして、一撃におよんだその瞬間、危険に満ちた気配をみじんも相手に悟らせることはなかった。襲いかかるその姿はジャックの目に映りようもなかった。

第6章　こわれた良心

攻撃性パーソナリティーは、やりたくもないことを強要されたり、自分がやりたいことを妨げられたりするのを嫌う。「ノー」という返事を聞く耳などもちあわせてはいないし、行為や欲求に対する制約という制約に激しく抵抗してきたため、健全な良心をはぐくむことができなかった。良心とは、歯止めがきかない個人の目的追求に対し、みずから課した障壁だと考えることもできるだろう。つまり、良心とは心の〝ブレーキ〟でもあるのだ。

社会はこうしたブレーキを心に取り付けなさいと勧めているが、攻撃性パーソナリティーはその勧めにしたがわず、それどころか人生の早い時期から自分を社会化させることうした過程に対して闘いを挑んでいた。好戦的な傾向がこれほどひどくはなく、もしも自己抑制を学ぶことになんらかの利点を見出していれば、そんな彼らもある程度の自己抑制は自分のものにしていたのかもしれない。

だが概して言えるのは、彼らの場合、良心が形づくられたにせよ、それは致命的にゆがんだ良心であることが少なくない。「良心をはぐくむ」とは「社会的禁制の内在化、すなわち服従」にほかならないが、攻撃性パーソナリティーのすべてが服従を嫌悪して拒んでいる以上、その良心はどうしても不完全なものにしかならない。

潜在的攻撃性パーソナリティーの場合、良心はいくつかの点で独特なゆがみ方をしている。他者に対するあからさまな敵意を隠しているので、自分は無慈悲な人間ではないというアピールは、人はもちろん自分に対しても躍起だ。だが、法律の文言は知っていても法の精神はおかまいなしに踏みにじる。自分のつごうしだいでは、これみよがしに行動を慎むが、権威や原則に対してはどんなものであれ心から服従することを拒んでいる。

おおぜいの人たちから、潜在的攻撃性パーソナリティーは私が説明するように狡猾で計算高いのかと尋ねられる。「そうするよりしかたなかったからでは」「あまり考えもせずにやったのでは」などとも言われる。このパーソナリティーの持ち主には、神経症の症状をいくらか示している者がいて、その場合、好戦的なふるまいを本人も誤解してしまう傾向がないことはない。

だが、私が出会った潜在的攻撃性パーソナリティーの持ち主のほとんどは、パーソナリティー障害を根っから病んでいる者であり、自分たちの本当のたくらみや攻撃意図を他人の目から隠すことにとにかく必死だ。自分が観察されているとか受け身の立場にあるなら、彼らも礼儀正しく節度をもってふるまうだろうが、しかし、ひとたびそうした立場から免れたと判断したら話は一変する。次に紹介するエピソードなどその典型だろう。

メアリー・ジェーンの場合

メアリー・ジェーンはもうぐうの音《ね》も出なかった。夫が若い女のもとにいってしまっただけでもたいへんなのに、これからは自分ひとりで息子を育てていかなくてはならない。今度の会社の面接で一一社目、この五週間というもの「採用の場合は改めてご連絡します」という返事が続いた。もうやけになり、これ以上取り繕うつもりもなかった。「ジャクソンさん。もし雇っていただけるのでしたら、私はほかのどんな方よりも一生懸命働くとお約束します。私にはどうしてもこの仕事が必要なんです」

翌日から仕事は始まったが、これほど前向きな気持ちになれたのは数カ月ぶりのことだった。しかし、まだ不安な思いが拭い去れたわけではない。ジャクソンには自分がどれほどたいへんな思いをしているのかは知ってもらったが、給料がいくらか、それに昇給や昇進については話し合ってはいなかった。働いた経験がこれまでほとんどないことはジャクソンも知っていたが、それにもかかわらずチャンスを与えてくれた。それを考えれば、いいように取り計らってくれるだろう。

この仕事が当面の生活ばかりか、将来のためにもどんなに大切なのか忘れたことはないが、けれどもこのごろジャクソンのそばにいると落ち着きをなくしている自分を感じる。肩越しに体をかぶせるよう身を寄せてきたり、じっと見詰められていたりするとなんだか気詰まりになってしまう。そんなときはなんでもないように無視したり、仕事に没頭したりしている。

あれはあの人の癖にすぎないのだろう。ジャクソンは女性社員とはいつもフレンドリーに接する人だ。普段から自分は結婚相手に恵まれたとしきりに口にするし、奥さんや子どもが会社にきたときなどは家族自慢を楽しんでいる節もうかがえる。

入社してからちょうど一年ほどたったころ、給料はそのままで、増えていく仕事の山にあえぎながら、ジャクソンとは真剣に話し合わなければならないとメアリー・ジェーンは感じ始めていた。もちろん、以前にもこの件で話したことはあったが、そのときは相手の指摘ももっともだと思った。たしかにきちんと働いてはいるが、これといった特別な技術もない自分が就職できたのはまったくの幸運でしかなかった。

ジャクソンはこんな話も蒸し返した。メアリー・ジェーンの給料の足しになるように、わざわざ特別な仕事を取り計らって、なんどもまわそうとしてきたではないか。しかもほかの社員のねたみを買わないようにこっそりと告げたはずだ。しかし、ディナーを前にして仕事の打ち合わせをすることや、市外にあるボスの別宅でいっしょに仕事をすると思うと、そう考えただけでメアリー・ジェーンは居心地の悪さを感じていた。

相手の怒りを買いたくはなかったので、自分の感じている不快な思いをはっきりと口にすることは控えた。自分がどうしてこんな思いを抱いてしまうのか、筋の通った説明などできそうにもなかったのだ。

ある日、メアリー・ジェーンが遅くまで仕事をしていたときだった。残っている社員はほかにはいなかったので、ジャクソンと話し合うならいましかないと心を決めた。どんどん増えていく厄介な仕事のこと、周囲の社員のように自分は昇給していない事実はきちんと説明しなければならない。たぶんそれは、がらんとした大きな建物にボスと自分のふたりしか残っていないというそれだけの理由だったのだろうが、ジャクソンのようすは普段とは別人のように見えた。

突然、ジャクソンが口を開いた。

「もっと頭のいい子かと思っていたよ。うまくたちまわることを覚えれば、望みのものはなんだって思いのままだったはずだ」

はっきり言ってほしいと言い返したとき、体のなかで緊張が走るのをメアリー・ジェーンは感じた。自分がどこまで仕事を覚え、どれだけ誠心誠意を尽くして、増えつづける仕事の責任に応えられるようになったのかなど、相手はなんの関心も抱いていないようすに驚きを隠せなかった。それどころか、こう言い返してきた。

「うぬぼれるのもいいかげんにしろよ。ここには損得計算にたけた人間はおおぜいいるんだ。なかには協力を惜しまない人間が何人もいて、どんなにいい思いをしているのか知っているはずだ。その理屈がわかるのをまるまる一年待っていたんだがな」

自分がいいように利用されていたことにメアリー・ジェーンは気がついた。これまでも疑いつづけ、しかしどうしても明らかにできなかった疑問の正体をようやく垣間見ることができたのだ。だが、ようやくその証拠を手にしたとはいえ、ここにはひとりの証人もいない。しかも、自分はこの罠から逃げ出すこともできない。

ジャクソンが指摘した事実にまちがいはなかった。会社をやめるほどの勇気が自分にあっても、まともな推薦状を書いてもらうためには、この世でただひとりの自分の雇い主であるジャクソンの存在を無視することはできない。耐えがたい恥辱だったが、いまの自分にはこの会社の給料はどうしても手放すことはできない以上、簡単にやめるような真似はできないのだ。

いいように翻弄されたうえに搾取までされ、メアリー・ジェーンは相手の顔に浮かぶ笑みさえ嫌悪した。だが、秘書たちのところに顔を出すのはジャクソンの日課だ。時には息子の写真を見せ、妻の誕生プレゼントに買ったという新しい指輪を取り出しては自慢する。結局、メアリー・ジェーンに退社を決心させたのもこの笑顔だった。

これ以上あの笑顔を正視することに我慢がならなくなっていた。

人を殺しても逃げおおす

犠牲者となる相手の弱点にくわしい場合、潜在的攻撃性パーソナリティーは、その状況を徹底的に利用して、相手の支配を試みようとする。自分が付き合う相手、仕事のパートナーにどんな相手を選ぶか、これについてなかなかやかましいのも潜在的攻撃性パーソナリティーにはよく見受けられる特徴だ。自分よりも一段下だと思える相手を見つけ、その状態にとどめておくことにじつに巧みで、こうやって他人に対して自分が力ある立場にいることを楽しんでいる。

相手がどのように権力を扱うかを知るのは、その人の性格を判断する際、もっとも信頼できる方法であることは私も経験から学んだ。ジャクソンがパーソナリティー障害を病んでいることはまぎれもない事実で、潜在的攻撃性パーソナリティーと擬似適合的攻撃性パーソナリティーの両方をあわせもっている。人にチャンスを授けるなど、一見好人物のようにも思えるが、ジャクソンは良心というものをそもそももちあわせてはいない。メアリー・ジェーンの弱点につけこんで、有利な位置に立って支配しようとした。自分の行いが発覚もせず、罰せられることからも逃れおおせると知って、ついにその本当の姿を現したのである。

灰色の良心

実際、ジャクソンは他者の権利や要求などまったく顧みようとしなかった。こうした反応に、反社会的攻撃性パーソナリティーあるいはソシオパスという判断を下したがる人もいるだろう。だが、職業人としてジャクソンは反社会的な営みとは無縁だ。これという違法行為を犯したことはなく、仕事を通してよき社会を積極的につくっていこうという共同体の一員だ。どこから見ても反社会的なパーソナリティーと断ずることはできない。

とはいえ、他人に対する厚かましいふるまいと、人間関係を操って、相手を利用するだけ利用するというその考え方にはなんらかのレッテルを貼っておく必要はある。ただ、良心は明らかにゆがんではいるものの、反社会的攻撃性パーソナリティーだとかソシオパスだと呼ぶほど良心をまったく欠いていると思わせる兆候はうかがえない。その特徴は第1章でも触れた擬似適合的攻撃性パーソナリティーと潜在的攻撃性パーソナリティーのいずれの特徴ともまぎれもなく一致している。

〝邪悪〟の根っこ

ジャクソンのような人間を〝邪悪〟と考える人たちがいる。[*25] しかし、何をしてジャクソンを邪悪たらしめているのだろう。そのパーソナリティーが好戦的だから邪悪なのだろうか。では、好戦的であること自体がなんらかの〝罪〟に当たるのだろうか。攻撃は人に痛みを与え、惨めな思いを相手にもたらす。だから、〝邪悪〟な所業であると考えたいが、ジャクソンの攻撃性が他者にもたらしたものはこうした痛みだけではない。じつは、ビジネスの世界で成功に導き、ある従業員には経済的な安定をもたらしたものこそ、擬似適合的攻撃性パーソナリティーと分類されるジャクソンのパーソナリティーなのである。

だが、ジャクソンは自分の好戦的傾向をきちんとした管理のもとにおけず、責任をもってこれをコントロールすることに失敗した。他人のものを欲しいという思いにかられても、そんな自分に制限をかけることもなかった。心得ていたのは自分の外見をどう取り繕いつづけるか、どうやってその痕跡を覆い隠すか、そして、見とがめられた場合はどうやって自分を守ればいいのか、そうした方法には十分通じていた。

ジャクソンに宿る〝邪悪〟とはつまりこういうことなのだ。本人は外面をよく見せる方法には精通していたが、よき者になろうと本気になって取り組もうとはしなかった。それは、みずからの攻撃性を自制する必要を受け入れ、必死になって努力することではじめて実現しえるものなのである。

ひとつ下の位置づけ

誰の人生においても、人よりも一段下におかれ、いいように翻弄されるしかほかに手の打ちようがないような時期がある。メアリー・ジェーンの場合、ジャクソンはいつものようにあの手この手で相手を操作する必要などなかった。メアリー・ジェーンのおかれた立場はよくわかっていたし、ただ弱みにつけこめばそれで十分だったのだ。

同じ職場の仲間よりも、メアリー・ジェーンの立場を低いほう低いほうへとどんどん沈めていき、そのうえで手を差し伸べる。本人にとってどんなに不都合なことでも、これなら断るはずはないとジャクソンはそう踏んでいた。これこそジャクソンが最初に描いていた支配の手口だった。

自分がこれからどんな人物の下で働くか、メアリー・ジェーンも考えていたのかもしれない。だが、当時の彼女はのどから手が出るほど仕事が欲しかった。いいようにつけこまれても逃げようのない立場におかれ、実際いいように操られて食い物にされるまで追い詰められてしまった。だが、この経験を通してメアリー・ジェーンも大切なことを学んだ。食い物にされるとはどういうことであり、そしてそんな立場に追い込まれたとき、どのようなタイプの人間がそこにつけこんでくるのかを考えるようになったのである。

第7章　相手を虐げて関係を操作する

潜在的攻撃性パーソナリティーはあの手この手を使い、相手を一段劣った地位にとどめておこうとする。人間関係はパートナーがいて成り立ち、それぞれの言動に対してはみずからが責任を負わなければならないと考えられているが、たいていの場合、このパーソナリティーの持ち主は人の弱みや不安定な感情を操ることにかけては達人であり、その正体を見抜ける人などほとんどいない。

潜在的攻撃性パーソナリティーに振りまわされる人たちも、相手の気をそらさない話しぶりと見た目にも魅力的な人柄に一度は惹かれた。だが、相手の正体に気がつくころには、その関係をなんとかしようとあれこれ気をもんだあげく、へとへとになっているのが普通だ。こうなってからではもはや相手の支配から逃げおおせることさえ容易ではない。

別れることができない女

ジャニスは自分がこれからやろうとしていることにやましさを覚えていた。そんな思いが何日も続いていた。夫のもとを立ち去ろうとしているのだ。離婚するつもりはまったくないが、気持ちを整理できる時間と場所が欲しかった。どうしてこんな気持ちになったのか、自分でも本当にはっきりしないが、ビルと同じ屋根の下に住んでいては、このもやもやした思いがどうしても晴らせないことはわかっていた。だからしばらくのあいだ、家を出ようと決心したのだ。

妹を頼りに、町から離れて暮らしていると本当にホッとして、これまで家族の問題でいつもうんざりしていたのが嘘のようだった。とはいえそれは、二度の離婚をくりかえし、子どもをひとり抱えている娘を助け、孫の面倒をみるのを嫌ったからではない。息子を見放したかったからでもない。大学をドロップアウトした息子は、また会社をクビになり、住むところをなくして実家に転がり込んできていた。

自分はいつも家族のためを考え、ひたすら尽くしつづけてきたように思える。精も根も尽き果ててしまったのだから、少しは自分のことを考えなくてはならない。しかし、肩の荷は降りたと感じたものの、やましい思いは消えていなかった。

夫のもとを去ろうと考えると罪の意識にかならず襲われる。ビルがどんなストレスを感じながら働いているかは聞かされつづけてきた。だから、再び酒を飲み出してしまったが、以前のような飲み方ではない。たしかに夫の言い分にも一理あると思う。最近、自分のほうには注意を向けてもくれないし、肝心なときには心の支えにもなってくれないと文句を言われる。そのうえ夫が言うように、それほど余裕がないにもかかわらず、自分はお金を使い過ぎていたのかもしれない。だが、そんなことを言うビルのふるまいを見ていると、支えてあげたいという気にもあまりなれないが、そう考える自分にジャニスはうしろめたさを覚えていた。

このまま永久に家に帰らなければビルはどうなってしまうだろうか、そう思うとジャニスの気持ちはすくむ。これまでなんども本当に別れようと考えた。ビルの〝禁酒〟がこんなふうにご破算になるたびだった。夫の尻を叩いて禁酒のプログラムを受けさせようとしてからというもの、ジャニスは依存症に関してはすべてを調べつくしていた。

しかし、カウンセリングも通院も、さらに禁酒会も必要はないというビルの反論も筋は通っているとジャニスは考えた。ビルが言うには、仕事や子どもの問題が片づき、ジャニスが自分を支えてくれさえすれば酒も控えよう。悪い習慣がぶり返したので、またあおるように酒を飲んでしまったのだ。怒りにかられ、浮気をしたり、嘘をついたりしたのも酒のせいなのだ。そんなさなかでも、ジャニスはビルとの離婚をずっと考えていた。

これまでにも感じたやましさだが、今度ばかりはちがうとジャニスにもはっきりわかった。ビルもわかったと答えてくれた。以前も耳にした返事だが今回は本気だ。しばらくひとりでいる必要があると思うのなら、そうしたほうがいいと言ってくれた。

なんだかんだ言っても、自分をまだ愛してくれているのだろう。ますます厳しくなっている仕事、子どもにもまだ目は離せない。深酒はぶり返しているが、そんなことなど心配しなくてもいいと言ってくれた。自分のいまの状態はビルも理解してくれている。おそらくビルの言うとおり、やがて自分も夫が恋しくなるのだろう。ビルはすでに寂しいと言い始めている。

引っ越しや職探しのあわただしさで、はじめのうちこそ夫や子どものことを思い浮かべる余裕はなかった。電話は控えると言っていたように、たしかに引っ越したばかりのころビルからの電話はほとんどなかった。最近になって頻繁に寄こすようになったのは、ジャニスが子どもの近況を知りたがっているのではないかと思ったからだとビルは説明していた。

最後にもらった電話では、ビルの声は震えてろれつ（ろれつに傍点）も少し怪しかったが、自分や酒のこと、仕事のことは心配しなくていいと答えていた。はなればなれの生活に深い痛みを感じるが、それは我慢するし、子どもの問題もできるだけのことは自分でやりとげてみせると言っていた。それから数週間というもの、ジャニスはやましさをさらに募らせていた。

病院から電話があった日、ジャニスはひどい混乱に陥った。「薬の飲み過ぎ？」「薬を飲み過ぎたことで、どうしてこんなに私は怒っているのだろう」と自問していた。怒る権利など自分にあるのかわからないまま、ジャニスは罪悪感と恥ずかしさにまみれていた。病院のベッドに寝かされ、チューブを通して胃洗浄を受けている夫の姿を目にすると、致命的な状態になるほど鎮痛剤は飲んでいないという医者の説明などもうどうでもよかった。

夫の顔をただ見詰め、ここまで夫を追い込んだ痛みと苦悩とはどんなものかと思いやっていた。やはり自分が身勝手すぎたのだという、いつもの思いが頭をもたげる。夫には自分がどうしても必要なのだ。そう考えると気持ちが落ち着く。人から必要とされていると思うと決まって生きがいを感じる。ビルの手がジャニスの手を探していた。「きてくれるとは思わなかった。でも、いっしょにいられてうれしいよ。もう、このままではどうにもならないとずっと考えていた。でも、こうして帰ってきてくれたんだ。もうだいじょうぶだ」

完全なる犠牲者

病院の連絡を受けたとき、ジャニスがまっさきに抱いた感情は怒りだった。しかし、自分がなぜ怒っているのか、そのときジャニスにはわからなかった。夫に翻弄されていると感じていたが、それまでビルからこれといって手ひどく扱われたわけではない。だから自分の直感が信じられなかった。そして、このとき感じた怒りも、すでに習慣化していたやましさによって間もなく忘れ去られていった。

その結果、ジャニスには、ビルこそ被害者であって、夫が自分を操り、支配するマニピュレーターと考えることはできなくなっていたのだ。以前の生活に戻ったことでジャニスのうしろめたさは消えるにしても、再び彼女はやり場のない鬱屈した感情と悲しみにとらわれることになるだろう。それはこれまで何十回となくくりかえしてきた無限の悪循環だった。

一方、ビルは被害者の役回りを演じる策略をみごとにやりおおせた。ジャニスの同情をかきたて、肝心なときに自分を見捨てた張本人という負い目を感じさせる方法も心得ていた。そして、ジャニスはこの策略をすっかり信じ込む条件をすべて備えていた。自分は悪人だという思いを彼女は絶対に受け入れることはできない。人のことは誰ひとりとして傷つけたくないのだ。自分のことはさておき、まず人の幸せを率先して考える、ジャニスはそういうタイプの人間だった。自分を身勝手だと思えば、やましさと恥ずかしさがこみ上げてくる。被害者を装いつつ、ジャニスの罪悪感と恥辱を刺激するという策略をビルが講じたとき、だからジャニスは手もなくその計略に陥ってしまった。

自分の責任を誰かに転嫁することにかけてビルは達人だった。人をだましたり、怒り出したりするのは酒を飲んでいるときだけ。そしてその酒は、妻が自分の気持ちを踏みにじったときに口にすると言い張る。ビルは、妻と酒という、自分の罪を転嫁できる無欠のスケープゴートを二頭手にしていた。だが、そんなスケープゴートも、ビルの策略にジャニスがやすやすとはまってしまうという事実の前ではかたなしだったのである。

スロットマシン症候群

相手を虐げ、人間関係を操作することで発生する病気がある。この病気をひとたび患うと、関係解消をいくら試みようとも、被害者はその立場から逃げ出せなくなる。この病気を私はスロットマシン症候群と呼んでいる。スロットマシンで遊んだことがある人ならご存じのとおり、負けがこんでくるほどマシンのレバーから手を離すことが難しくなる。

なぜ、人がこの病にとらわれてしまうかにはおもに四つの理由がある。

まず、第一に大当たりの誘惑だ。誰もが飛びついてしまうチャンスとは、比較的少額の初期投資でありながら、きわめて高価なものを数多く手にできるかもしれないという期待だ。

第二に、投じた努力に見合う結果を得られるかどうかは、自分がそれに示した〝反応〟

の程度にかかっている（行動主義の専門家が比率強化スケジュールと呼ぶもの）。スロットマシンでチャンスをものにするのであれば、どんどん〝反応〟（つまり金をつぎ込む）しなければならない。

三番目に、時折、サクランボなどの小当たりの絵柄がそろい、なにがしかの〝勝利〟がころがり込んでくる。この小当たりで、それまでの投資は無駄ではなくなり、投資をつづけていけばさらに大きな報酬が得られるかもしれない。

四番目に、マシンにもてあそばれ、身ぐるみをはがされてその場を立ち去ろうとすれば、激しいジレンマに直面しなくてはならない。そのままマシンをあとにすれば大金がおき去りにされる。立ち去ることは〝虐待者〟に背を向けるだけでなく、多額な身銭を見捨てることも意味する。つぎ込んだお金とエネルギーに見合った成果どころか、くじけた心でその場を引き下がるのは容易なことではない。おそらくこんな言い訳で自分をごまかそうとするだろう。

「あともう一度だけ……」

ビルとジャニスのふたりの関係でも、ビルもはじめのころはジャニスを思いやり、優しい言葉をかけていた。ビルは本当にそう思っているとジャニスは考えていたし、はっきりと褒められることに無上の価値をジャニスは見出していた。しかし、やがてジャニスもある事実に気がつく。

ビルの望みに対しては身を粉にして尽くさないかぎり、称賛の言葉はもちろん、感情的な支えさえ夫から引き出せなくなっていたのだ。だが、ビルの願いをいくら聞き入れても、ジャニスが耳にしたい言葉が夫の口から出てくるのはほんの片言、それもごくまれにしか聞けない。こんな〝小当たり〟欲しさで、何年にもわたってジャニスは精一杯尽くしてきた。

スロットマシン症候群のおかげで、ジャニスは自分こそ一家の要という幻想を抱けたが、一方で彼女は体よく利用されつづけた。その投資もいまとなっては決して少額とは言えない。このまま家を立ち去るのはあまりにも難しい。家を出て、長年におよんだ自分の失敗を認めてしまえば、それは自分で自分の恥を認めたことを意味する。恥と罪悪感こそジャニスには大問題であり、それを考えればジャニスがこの家をあとにすることはますます難しいものになっていた。

激しい自立への欲求

ビルとジャニスの例をはじめ、これと同様のケースを調べていると、薬物依存症の治療で用いられている回復プログラムの基本原則を攻撃性パーソナリティー（あるいは潜在的攻撃性パーソナリティー）の依存症患者に用いた場合、むしろ弊害となってしまう場合があるのを私は学んだ。

こうした回復プログラムにしたがうと、加虐的で精神的には非依存性のパーソナリティーが、それとはまったく反対の依存的人格の患者だと見なされてしまうのだ。この古典的なプログラムからすれば、ビルはアルコールに依存しており、ジャニスはそのビルに共依存していることになる。

最近、熱心な専門家が共依存の概念をさかんに押し広げ、なれ合いのような対人関係さえ共依存として取り込もうとしているが、このように誇張されすぎた枠組みでは、誰もがなんらかの共依存性の関係にあるとされてしまう。もちろん、たんなる依存関係もあれば、共依存の場合もあるのだろうが、共依存は世間で言われるほど頻繁に見受けられるような関係ではない。

人間関係をめぐる大半のトラブルは、かたや精神的には独立して他者に対しては攻撃的である側と、その一方で、不安定な自分を抱え、他者に対してすがろうと必死になっている者のあいだで起きている場合がほとんどだ。ビルは51ページで触れた能動的非依存性（攻撃性）パーソナリティーでジャニスに対しては加害者。ジャニスは共依存のかたわれではなく、たんにビルのことを頼りにしているだけにすぎないが、被害者としては理想的な存在だった。

能動的非依存性の持ち主として、その言動にはビルのすべてが反映していた。なにごとにおいても自分の利益が最優先なのは、人の意向に耳をかたむけるつもりなどまったくないからだ。仲間といっしょのゴルフでは、カートはいつもビルが運転して仕切った。長期におよぶ飲酒がどのような影響をおよぼしたのかはともかく、ビルにとって最大の関心事は自分自身のことである。

ビルは秘密の銀行口座を開いており、口座の金は〝出張〟と称する知人との旅行や別宅の維持に使われた。ここはビルの知り合いの女たちが入れ替わり訪れる密会の場所だ。妻を頼りにしている慎ましい夫を演じていたが、ジャニスとの生活をつづけたのは、そのほうが好都合だったからだ。まとまった金も資産もあったが、離婚によって財産をもっていかれたくはなかった。だったらジャニスは手もとにおき、抜け目なく浮気三昧にふければいい。だが、正体をつかまれるようなドジを踏んではいけない。ビルは根っからの非依存性パーソナリティーだった。

だが、一方でこう指摘することも可能だ。依存症とはそれ自体が病気であり、依存性や非依存性といった精神面に関する現象とは無関係だというものだ。だが、私の経験では、攻撃的なパーソナリティーは、その生活全般において、自分とかかわりのある〝対象〟のすべてに似たような行動パターンを示すものであり、そのなかには〝好みのドラッグ〟も含まれている。

ビルの症状は陽性の薬物依存（あるいは中毒）の特徴とかならずしも一致してはいないが、その飲酒パターンは薬物乱用者が周期的に示すパターンよりも顕著だった。こうした明らかな兆候から判断すると、ビルはアルコール乱用者にして人を虐げることのできるタイプの人間だと言えるだろう。

私の経験では（同様の経験をもつ専門家も増えている）[*26]、攻撃性パーソナリティーの場合、依存性を前提にした療法でははかばかしい結果を得ることはできない。ジャニスの説得に応じてビルは過去にアルコール依存症の治療を受けたことがある。ジャニスの意向に沿って、このときビルは地元にある依存症治療の病院を訪れていた。

依存症の治療プログラムは12段階ある回復モデルをベースにしているが、攻撃性パーソナリティーのことごとくがこのプログラムを嫌悪する。いかなる形であっても、自分たちが非力であると受け入れるのは、彼らが心の奥底に抱いているそのプライドを挑発せずにはおかない。自分よりも強者の存在を受け入れて回復の成否をゆだねるのは、肥大した彼らの自己愛とは相容れない。大いなる存在の前に、みずからの意志と行いを屈服させることなど彼らにはおぞましいだけのことなのだ。

自分たちの全生活は、人間関係においてひとり能動的にかかわってきたその賜物である。そうした生活を重んじているにもかかわらず、みずからを弱者として認めろと命じられてもそんなばかげた話はないだろう。治療を受けるようにプレッシャーをかけられれば、煩わしさを避けるために素直に応じるかもしれない（同意戦術）。しかし、治療の要であるその原則を彼らはどうしても受け入れようとはしない。

服従的なパーソナリティーによく見られるが、そもそもジャニスがビルに惹かれたのは、ビルといっしょだと相手の自信や独立心、あるいは生き方に、ジャニス自身が安心感を抱くことができたからである。ジャニスは自信に乏しく、自分はひとりで生きていく力も欠いていると感じていた。他者からの称賛や支えに頼ってその自尊心を守っていたので、他者につけこまれる危うさをジャニスは慢性的に抱えていた。

古典的な依存性のモデルということでは、ジャニスの行動こそがその症例と一致している。従来の回復プログラムの基本原則は、まさにジャニスにこそおあつらえ向きだ。夫が下した評価に自分の自尊心をゆだねるジャニスのようすをうかがえば、ジャニスこそビルに依存しているのがわかる。さらに言うなら、災いしかもたらさないものとの関係を断ち切ることができないのは、その関係に伴う痛みが習慣化したせいであり、こうした痛みなしに自分が渇望するものを手に入れることができなくなっているからである。

耐性を増した忍耐力のせいで、ジャニスがこの依存状態を断ち切るには、さらに過酷な虐待によって耐えがたい痛みを経験するほかないだろう。そして、依存を抜け出そうとするそのとき、ジャニスは心理学的な禁断症状を経験する。耐性といい、禁断症状といい、こうした症状はまぎれもない依存症患者が示す偽りのない特徴である。

ジャニスのような患者が、断酒会といったいわゆる〝共依存〟グループによるセラピーで回復の機会を得ることが多いのは、自分を虐げてきた非依存性のパーソナリティーとは異なり、彼らの行動パターンがその依存モデルと矛盾なく両立するからである。そして、こうした行動パターンが患者の感情のボタンを刺激する。その痛みから必死になって逃れようとすることによって、〝回復〟に必要な次の〝ステップ〟に向かっていくことができるのだ。

〈支配する－される〉の関係

ワークショップに参加していた方からこんな質問を受けたことがある。ビルとジャニスのあいだに共依存の関係がまったくうかがえないのなら、なぜビルはジャニスを失うことに対してあれほどの抵抗を示したのかというものだ。この質問に私は次のように答えた。

攻撃性パーソナリティーは断じて敗北を受け入れようとはしない。敗北は支配的な地位と力の喪失を意味する。どのような関係にあっても、ビルがめざすのはトップに立つこと、そして主導権を握ることにあった。虐待関係において攻撃する側の真のねらいとは、被害者本人に向けられているのではなく、支配する地位を得ることにあるのだ。

ジャニスが家を出ようと思い立つほどの意志を示すとき、夫婦は決まって力の均衡を欠いた状態に陥っていた。ビルが攻撃を始めたのはいつもこんなときだった。それはビルが妻であるジャニスを愛していたからでもなければ、心から彼女を必要としていたからでもない。ただ、妻に対して自分が君臨しつづけるためにビルは闘っていたのだ。

こうしたパーソナリティー障害を病む者のつねとして、ビルは妻を自分の所有物と見なす傾向にあった。そんなふうに見られていたから、ジャニスは自分本来の人生を生きるのもままならなかったし、さらに言うなら別の誰かを見つけ、人生をやり直すこともできなかった。ビルとかかわっているかぎり、ジャニスはビルの所有物であり、ジャニスがみずからの意志でその関係を断ち切ろうとしようものなら、それはビル本人に対してばかりか、ジャニスを支配するビルの正当性に対する拒絶だと見なされてしまうのである。

第8章　親を思いのままに操る子ども

幼少期に抱く恐れや不安は子どもの人格形成にどのような影響をおよぼしているのか、これについて専門家たちは長期間にわたって研究に取り組んできた。だが、子どもが自分の攻撃本能をいかに飼い慣らし、どのように適合させているのかについては、これまでほとんど注意が向けられることはなかった。

子どもがなぜ、どのようにして人と争い、またこうした攻撃性がその人格形成にどの程度かかわっているのかに関する実態の調査・研究になると、たいていの場合、専門家は否定的な見解を示すばかりだった。

自分の要求を満たすために子どもが人と争うのはごく自然な行為だ。社会性が発達する初期段階において、子どもが公然と争い、取っ組み合いのけんかになるのは珍しいことではない。ただし、こうした闘いは不首尾に終わる場合がほとんどで、親や学校からそれに見合った制裁を招く結果に終わる。親のしつけが上手で、生育環境も安定し、子ども本人も適応力に恵まれていれば、たいていの子どもは過剰な攻撃傾向を調整する方法をみずから学び、人生という闘争の場で勝ち抜くために必要な戦略をあらたに探っていく。

だが、その途中、多くの子どもは親の感情をコントロールしている〝ボタン〟の存在に気がつく。このボタンの使い方を覚えた子どもは、ボタンを押すことで親をやりこめ、対立状態にあってもなお親からいいように譲歩を引き出す。そして、自分の〝敵対者〟である親を翻弄して守勢に立たせるには、何をどう話し、どうふるまえばいいか（あるいはやってはいけないのか）を学んでいくのだ。自分の意図を隠したまま、相手に攻撃を加える方法を子どもはこうやって学習している。

過度の放任、過度の甘やかし、虐待、ネグレクト、そして親としての責任放棄といったかずかずの原因の結果、今日では、顕在的攻撃性、潜在的攻撃性といったタイプを問わず、攻撃性パーソナリティーを抱えた子どもが増えつづけている。

もっとも、この仕事を始めたころ、その半数は情緒や行動面に障害を抱えた青少年やその家族が相手だった。そんな影響もあって、私のこうした見方もある種の先入観にとらわれているかもしれない。ただ、家族に対して並外れた影響を与え、親との関係を操作する手口にあまりにも長じた子どもに遭遇するケースが増えているという印象がつねにつきまとう。次に紹介するエピソードもそんな一例だ。

アマンダは暴君

激しい不安を感じながらジェニーは待合室で待っていた。

娘アマンダのことが心配でならない。「私の頭が変になったと思っているんでしょう。普通の人はそんな病院には行かない」「私の悪口で頭がいっぱい」。アマンダが口にした言葉が心のなかでこだましている。また別の病院に行くことを知ったらアマンダが何を言うか心配で、初診の前にこうしてひとりでやってきたのだ。

「本当に心配です。自分の値打ちが信じられなくなっているのにちがいありません」

ジェニーはアマンダの課外活動を禁じた話をした。つづけたければ宿題をちゃんとする約束だったがアマンダは守らなかった。このときアマンダがどれだけ泣き叫んだかジェニーは覚えていた。

「こんなことをしても私が忘れるとでも思っているの。私をばかだと思っているの。今度はいじめるつもりね。みんな私のことを嫌っている。先生もそう。今度はママ、ママもよ」

そう言ってアマンダは部屋に閉じこもってしまった。

「あの子の気持ちを傷つけるなんてとんでもない。あの子はどうしていいのかわからないはずです。勉強に身が入るように手助けしただけで、叱ったのはあの子の態度に対してなんです。でも、アマンダは押し黙ったまま。担任の先生と相談するまでは怒らないと約束すると、ようやく口を開いてくれました。少しは元気を取り戻したようです」

学校の先生はいつも自分のせいにするとアマンダは絶えず不満を漏らしているが、それもまんざら嘘ではないとジェニーは話した。

「ひところは褒められてばかりの子だったのですが、でもいまのアマンダはまったく別。去年までは弟より体が大きく、体格のよさでは学校でもあの子と同じぐらいの子どもはあまりいませんでした。弟をぶったり、いじめたりしてばかりで、スクールバスのなかでけんかをして家で謹慎していたこともあります。あの子の父親とはそのことで相談ばかりしていました。でも、いまではほとんどの子どもがあの子よりも体が大きくなり、弟もどんどん背が伸びて、アマンダを抜いてしまいました。それで弟のほうが威張るようになったわけではありませんが、アマンダはもう前のような感じで弟を相手にすることはなくなりました」

アマンダはまちがいなく不安を抱えていて、その不安が原因でほかの子どもの言うことに過敏になっている。ジェニーはそんな自分の考えを打ち明けた。そして、ほかの子どもにからかわれて娘が激怒していること、先生は先生でアマンダの態度が問題だと注意ばかりしているのに、別の子どもがアマンダをいじめてもいっこうに気づこうとしないと娘がこぼしていることを伝えた。

人がいました」

「自分も子どものころそうだったように、ある意味ではアマンダも精神的に不安定で、自己評価が低いのかもしれません。私も必要なときに支えがないといつも落ち込んでいました。以前相談したカウンセラーのなかにもアマンダはうつ状態にあると考えている人がいました」

ジェニーの話では、これまでにもアマンダは家出をすると親を脅したり、死んだほうがましだと口走ったり、「パパならわかってくれる」と別れた父親と暮らしたいとなんども口にしていたという。

「自分は無力で生きていく気力もない、あの子はそんなふうに考えているのではないでしょうか。こんなようすは私たちが離婚してからです。二年前にあの子の父親と別れたのはまちがいだったのかもしれません。あの人の抱えていた不安について私もなんとか理解しようとしましたが、でもこんな目にあってはもう限界です。アマンダには幸せになってほしいだけで、母親を嫌いになってほしくはありません。なんとかなるのでしょうか。このままではもうだめです。今日、校長先生から電話があり、あの子を停学にすると脅されました。見通しがつくまで待ってくださいとお願いしたばかりです」

いじめはいじめ

アマンダはもう以前のような方法で人に闘いを挑んではいない。周囲の子どもが大きくなり、体力にものを言わせることができないのだ。それにもかかわらず、アマンダはいまだに闘士であり、かなりのいじめっ子だ。変わったのはアマンダの闘い方の流儀や方法だけなのだ。自分の母親の弱点をじっくりと観察して、相手を屈服させる作戦をアマンダはよく心得ていた。

相手の行動がそれとはっきりわかる直接的で暴力的なものなら、ほかの人と同じようにジェニーも自分が攻撃されていると容易に悟ることができただろう。別れた夫や以前のアマンダとやりあったころはもっと大っぴらで、そのときは相手の応じ方もまったくちがった。いまの娘の態度からは好戦的なようすがうかがえないため、ジェニーはうかつにも挑まれていると気づかず、それがアマンダをいっぱしのマニピュレーターに育て上げてしまった。皮肉なことだが、娘がいつ攻撃をしていたかがわからず、それに応じる方法にも疎かったためジェニーはなんどもいたぶられつづけていた。

私がいまでも覚えているのは、アマンダが言葉による攻撃を頻繁に行っているとジェニーが口にしたときだった。ジェニーは「何も言い返せなくなります。アマンダは〝自分を守る〟ことに精一杯で」とこぼしたのだ。

「お嬢さんがどんなふうにして自分を守っているか教えてください」。私はそう尋ねていた。

「ええ、大声でわめきだして、『なんてひどい母親なの』と言いながら、いつか思いしらせてやると私に向かってそう脅すんです」

私はもの問いた気にこう尋ねていた。

「お母さん、お嬢さんのこんな激しい言葉の暴力を〝自分を守る〟などと言うのは、非常にかわった表現ですよ。お話をうかがっていると、お嬢さんが望んでいないことをお母さんからあれこれ命じたり、ここをこう直せとお母さんが娘さんの言動に注意をされたりするたびに、娘さんはすぐに食ってかかってくるように思えるのですが」

私の問いにジェニーはこう答えた。

「そういう見方もできるかもしれません。でも、脅えていなければ、どうしてあの子が私に歯向かってくる必要があるんですか」

問題の核心にあるもの

これはじつによく見受けられることなのだが、ジェニーもまた娘の行動にひそむ本当の原因を探しつづけようとしていた。聞き覚えのある心理学を手がかりに、アマンダの問題の根本には、なんらかの恐れや不安が横たわっているのにちがいないとそう思い込んでいた。どうやら、離婚する前、暴力をくりかえす夫にも同じような理由をジェニーは見出そうとしていたようだ。

今度は娘がなんらかの恐れと不安を抱いてもがいている。両親の離婚で解決不能の問題を抱え込んだのかもしれない。親に対する怒りが鎮められないのかもしれない。あるいは、すべて母親が原因だと考えているのかもしれない。だが、アマンダの問題は、生活上のフラストレーションが原因で攻撃行為を引き起こしていたのではなかった。問題を引き起こしていたのはアマンダ本人のパーソナリティーにあったのだ。

アマンダの生き方は、過剰かつ狡猾に闘うスタイルに凝り固まり始めていた。相手が抱いているやましさを刺激する、被害者を演じる、他人を非難する、遠回しに脅迫する。いずれもアマンダが好んだ方法であり、こうした手口を用いることでアマンダは自分の目的の前に立ちはだかる者に攻撃を加えていたのだ。

被害者と加害者を峻別する

このケースでは、ジェニーが娘の〝治療〟を望んでいた。しかし、ふたりが連れだって来談したとき、アマンダ本人は助けを必要としてはおらず、それを望んでもいなかった。アマンダが必要としていたのは修正行動と修正感情体験といった矯正で、助けではなかった。本当の被害者は母親のほうであり、ジェニーこそまぎれもなく助けが必要だった。

アマンダがこうした状態から抜け出るには、自分にはどのような手助けが必要だということをアマンダ本人が認め、それを心から願い、受け入れなくてはならない。だが、そこにいたるには、自分の思考や行動様式の修正をアマンダ自身が認めることが前提となる。

パーソナリティー障害の理解と対応について、これまでの人間行動の見地にしたがってしまうと散々な失敗をくりかえしてしまうという事実は声を大にして言っておく必要があるだろう。アマンダは自己洞察など必要としておらず、治療さえ求めていなかった。無意識のうちに抱えている恐れや不安を明るみに出すことも、低い自己評価を克服することも不要だった。

はっきり言ってしまえば、アマンダは従来からある治療法など必要とはしていなかったのだ。アマンダに必要だったのは修正であり、制限だった。ゆがんだ自分の思考パターンと行動を直視して、ひそかに人を攻撃するその行為をただすことこそ求められていた。肥大した自己像の修正もアマンダには必要だったが、これは認知行動療法で対処できるはずだ。

子どもには大きな力を扱える準備はまだ整っていない。責任を負いながらその力を行使するには、精神的に成熟しておらず、人生経験も積んではいない。すご腕のマニピュレーターとして、アマンダはいびつな力関係を家庭にもちこんだが、母娘双方の精神的、感情的な健康を取り戻すには、母親であるジェニーが確固たる自信をもって娘に向き合うことがきわめて重要になってくる。

自己評価の要点

ほかの多くの親たちと同様、ジェニーもまたわが子が低い自己評価に苦しんでいると思い込んでいた。そうとでも考えなければ、なぜ自分の娘があんな言葉を口にできるかがジェニーには理解できなかった。娘の思い上がった言動を気にしながら、それは自己嫌悪をおぎなうためにアマンダが行っているのだと考えていた。

だが、自己評価とはそれほど単純なものではない。人は過大にも過小にも自分に対して評価をくだすものだし、〝思い上がった言動〟をしている者は内心にかならず不安を抱えているわけでもない（神経症患者には見受けられることもあるが、パーソナリティー障害の場合はそうでないのが普通だ）。

不相応な力を手に入れた結果、自分を無敵の存在だと思い込み、過剰な自己評価を安易にくだしていた者など、これまで何例も間近に見てきた。アマンダのケースもその典型であり、家庭や学校でこれまで以上の力を手に入れようとしていたアマンダの自信たっぷりなふるまいにも、それははっきりと現れている。

自己評価と自尊心のちがい

自己評価《セルフ・エスティーム》と自尊心《セルフ・リスペクト》については、双方のちがいをはっきりさせておくことが肝心だ。

自己評価《セルフ・エステイーム》の評価《エステイーム》は、「見積もる《エステイメイト》」という言葉に由来している。自己評価とは自分に対する直感的な〝見積もり〟であり、その見積もりとは、人生において望みのものを手に入れるために必要な、生まれつきの才能や力量、また成功体験を本人がどのように評価したかで成り立っている。

自力で何をなしとげられるか自覚している者、望みのものを得る力量に自信を抱いている者は強気の評価をみずからにくだせる。だが、それが真の自尊心をはぐくむかと言えばそうではない。

自尊心《セルフ・リスペクト》の「リスペクト」のそもそもの意味は「回想」「追想」、つまり自尊心とは、過去にさかのぼって自分が好ましいと感じているものの評価に由来する。自分が積み重ねてきた努力、社会的に望ましいとされている目的への献身、運のあるなしにかかわりなく、みごとに達成できた業績などに根ざしているものなのだ。

簡単に言えばつまりこうなる。自己評価の感覚は現在の自分に対する自覚から生まれ、自尊心の思いは、与えられた条件のもとで自分がなしとげたことによって決まる。

アマンダの自己評価に対する思いは明らかにバランスを欠いていた。母親や教師はもとより、いかなる権威も敬うべきものだと見なさず、自分自身のことばかりにとらわれすぎていた。そして、自分が〝勝ちつづけている〟のは、自分がなんでも思いどおりにできる才能の使い方にみごとに成功したからだと考えていた。しかし、長い目で見れば、こんな考え方ではやがて社会的落伍者の経歴を重ねていくばかりで、正常な自己評価をはぐくんでいくにはかなりの悪戦苦闘が避けられないものになってしまう。

親や大人は自分たちの不注意から、子どもに過剰な自己評価を抱かせてしまうことがある。知性や容姿、才能、つまり本人の努力によって正当に獲得したとは言いがたいものについてまで子どもを称賛しているのだ。そこには生を受けることができた幸運な〝偶然〟をもたらした〝高位な存在〟（自然や神など、人間に命を授けるものとして認められるものすべて）に対する畏敬の念がまったく抜け落ちている。

さらに言えば、成果の面から子どもを褒めすぎる傾向が強すぎるのだ。結果以外の観点についてもきちんとした配慮がなされていればいいのだが、頻繁に見受けられるのは、その成果が周囲の思いがけない助けによるものであったり、たまたまチャンスに恵まれただけだったりと、成功の大きな決め手となったものがつねに棚上げにされている。

残念なことに、子どもが本人の力で本当にやりとげたと手放しで称賛できる唯一の行いについて、親がきちんと評価する機会を見逃している場合が少なくない。子どもが抱いている勤労への意欲である。「額に汗する」ことこそまぎれもなく褒めるに値するものであり、健全な自己評価をはぐくんでいくためにはどうしても欠かせないものなのである。ぜひともこれは忘れずにいてほしい。

褒めるべきは当人に授けられたものでもなければ、本人が手に入れたものでもない。

その子自身がおのれの才能や力をどのように発揮し、社会に対していかに誠実で責任ある貢献を果たそうと努力をしてきたのかという点だ。それだけに残念に思えてしかたがないのは、私がこれまで出会ってきた若者たちだ。あまりにも多くの若者が自分のことだけにとらわれるばかりで、自己評価などほとんどなきに等しかった。

親がもっとも恐れていること

親の多くは、無意識の心の底で、子どものなかには51ページの「能動的非依存性パーソナリティー」をもつ子もいるのではないかと感じている。こうしたタイプの子どもは、ほかの子どもと異なり、人の助けを必要としていないかもしれない。それだけに、親の考えを無理強いして子どもを抑圧して制限を加えてしまえば、子どもは自分からどんどん離れていってしまうかもしれない。こうした考えにとらわれた結果、親は子どもを過剰に評価していれば、子どもを自分のもとに引き留めておけるだろうという罠にとらわれてしまった。

皮肉と言えば皮肉な話だが、アマンダとの力関係において、ひとたび母親のジェニーが力をつけていくにしたがい、次のふたつの点で際だった変化が起きていた。

第一に、アマンダ自身が、自分が生きる世界には自分より力に勝って知恵に富み、さらに能力の点でもすぐれた者が存在していると認めるようになったこと。それと同時にアマンダは謙虚な態度を身につけていった。第二に、母親の助言や指示を受け入れることが、一番自分のためになるときもあることを知り、アマンダはますます母親を頼りにするようになっていった。アマンダに見られるこうした依存は、依存性パーソナリティーに見られる不健全な服従ではない。それどころか以前のアマンダにうかがえた過剰な非依存性を埋め合わせるには欠かせないものなのである。

母親のジェニーが力を高めたからといって、その子どもが逃げ出すという最悪の事態を迎えることにはならなかった。それどころか母親の夢にまで見た願いがついにかなえられたのだ。わが子を失う代わりに、ジェニーは最愛の娘を取り戻すことができたのである。

パート

II

マニピュレーターと付き合う

第9章　人を操り支配する戦略と手法

防衛機制と攻撃のかけひき

「防衛機制」という言葉は多くの人たちに知られている。正真正銘の防衛機制とは心の反射的な働きで、この反応によって人は感情的な苦痛を引き起こすある種の〝脅威〟から自分を守っているのだ。具体的に言うなら、防衛機制は自我を守るメカニズムであり、なんらかの恥辱感や罪悪感を思いおこさせるような社会的〝挑発〟を伴う不安に対し、自己像を〝守る〟ために用いられる心の動きだとも言えるだろう。こうした自己防衛はじつに多彩で、そのなかには多くの人たちにもよく知られ、普通に言い交わされるようになった用語もある。

伝統的な精神分析や精神力動学的なアプローチでは、人によってどのような防衛機制が用いられるかは、その人の行動を理解するうえで欠かせない原則のひとつだと考えられている。実際こうしたアプローチには、どのような防衛機制が使われているか、その種類によって人の性格を分類しようという傾向がわずかとはいえつねにうかがえる。

すでにパートIでもふれたように、古典的な精神分析の手法を用いて人の行動や人格を理解しようと試みても、パーソナリティー障害にはまったく役に立たない。人間は何か過ちを犯したとき、うしろめたさや不安、あるいは羞恥心をかならず抱くものだと古典的な精神分析は主張する。自己像に向けられた脅威に対し、防衛機制という反射的な行為によって自分自身を守っているのだ。こうした一連の反応は、本人がそれと意識せずになされていると主張されている。

だが、パーソナリティー障害を抱えている場合、その行動や人格に関して伝統的なモデルでは手も足も出ない。こうした患者たちが一般に防衛機制と考えられているような反応を示したとしても、彼らの場合、その目的は感情的な痛みや罪悪感、あるいは羞恥心から自分を守るためでもなければ、それによって恐れている事態が起こるのを未然に防いでいるわけでもない。それどころか、彼らがこうした行為におよぶのは、望みの事態を確実に引き起こしたり、あるいは人を支配してコントロールしたりするのが本当のねらいなのである。

社会が彼らの行為を受け入れるか、あるいは逸脱はしていないと認めてくれるまで、彼らはその抵抗を緩めようとはしない。社会が眉をひそめるような真似であってもその手を緩めないから、結果として本人も健全な罪の意識や羞恥心をはぐくんでいけない。

こうした行為はあまりにも習慣化されているので、何も考えずに行われているようにも思えるが、じつはそのほとんどは意図的なものである。パーソナリティー障害を病む者がこのような行動を示した場合、これまで防衛機制だと思われてきた反応の多くは、責任を回避するための行動であり、他者との関係を操作して相手を支配する意図的な行為だと考えるべきなのである。

その一例として、「否認」のしくみを考えてみよう。「問題を抱えているはずなのに、彼はそれを否認しつづけている」という言い方をよく耳にするが、たいていの場合、この否認という用語は誤って使われていることが少なくない。防衛機制の本来の姿とは、耐えがたい心理的苦痛から自分を守るために無意識のうちに用いられているある心理的状態を意味している。

アグネスという年配の婦人が示した否認はこんなふうだった。

本人はまだ元気だが夫のポールが心臓発作で倒れた。容態について、たったいま医師から話を聞かされたばかりだ。四十年連れ添った夫は重篤の床にあり、回復の見込みもうかがえない。ポールはアグネスにとって最愛の人であり、半生をともにしてきたかけがえのない存在だ。ポールがいない生活などこれまで考えたこともなかった。

アグネスに突然突きつけられたのは、ひとりで生きていく人生、ポールのたしかな支えなしで生きていくこれからの日々だった。夫のいない人生をどうして耐えられるだろう。脳波計は波形を描くことをすでにやめていたが、アグネスは夫のそばを離れられないまま、その手を握りしめ、声をかけつづけていた。医師からは無駄だと諭されたが、いやそんなことはない。ポールならきっと助かる。これまでいつもそうだったではないか。

　アグネスのこの状態こそが〝否認〟なのだ。意図してそうしているわけではない。耐えがたいまでの痛烈な悲しみに突然襲われ、それと意識しないまま自分自身で自分を守っていたのだ。その悲しみとは、やがて本人が現実を受け入れたとき、アグネスが直面しなければならない悲しみだ。時間を経て、夫の死という心の傷を心理的に受け入れられるようになったとき、こうした無意識の防衛もしだいにおさまる。そして防衛機制がついに消滅したとき、耐えがたい苦痛から彼女を守っていた保護はなくなり、感情という感情が雪崩《なだれ》を打ってアグネスに向かって押し寄せていく。

　アグネスとのちがいが際だつのがジェフの例だ。パーソナリティー障害を病むこの中学生は、下級生に狼藉を働き、手にしていた本を床に叩き落とした件で教師から呼び出されていた。

「ぼくですか？　ぼくが何かしましたか」

　そんな調子で答え、本など叩き落としていないとジェフは否定するが、この場合、ジェフは心理学的に〝否認〟の状態にあるのだろうか。もちろん、そんなはずはない。このような場合、従来の精神分析は次のように考える。

①やっていないと主張する一方で、自分の行いを後悔している。

②自分自身や他人に対して素直に認めることができない羞恥心、もしくは羞恥心と罪悪感の両方がもたらしている耐えがたい思いから自分をかばっている。

③自分が何をやっているのか本人はまったく意識していない。

いずれも危うい仮定だが、一般の人はもちろん、多くの専門家もこうした見方にとらわれてしまうことが少なくない。だが、ことパーソナリティー障害に関してはこのような仮定はまったくの誤りにほかならない。見方を定めれば、ジェフには自分の行動に対して罪悪感や羞恥心、あるいは不安という感情が完全に欠落しているのがわかる。だから、下級生をいじめるという事の発端となった行為をためらいなく犯すこともできたのだ。

どうやらジェフには好戦的な態度を慎み、きちんと人と交わる経験がなかったようでもある。周囲はそんなジェフのふるまいを不快に感じたが本人はちがった。こんな態度が災いし、ジェフはこれまでもたびたび叱責されていたので、自分の行動は周囲に受け入れられないのはよくわかっている。だが、それでもジェフは人が自分に望んでいるルールにしたがうつもりはなかった。

学校から呼び出されれば、どんな結果が待ち受けているのかはジェフにも十分わかっていた。自分の流儀は決して変えたくはなかったが、同じようにその結果を負わされることにも直面したくはない。そんなジェフに残された手段がこれだ。事件は教師の勘ちがいであり、目撃したと考えるいじめの事実はなかった。判断はすべて誤りなのだから、撤回すべきだと教師に思い込ませることだった。

ジェフがいじめの事実を否定したのは防御からではなかった。ジェフは教師を相手に闘いを挑んでいたのである。それは無意識の状態で応じたものではない。ジェフは自分が何をやっているのかはっきり意識したうえで策略を展開していた。ジェフのこんな手口もしばしば否認と見なされてしまうが、これはたんなる〝嘘〟と考えるべき明らかなケースだ。世間の人が嘘を口にするように、ジェフもまた同じ理由で嘘をついていた。トラブルから逃げおおせればよかったのだ。

教師が目撃者を二、三人呼び出し、ジェフの前で目にした事実にまちがいないと証言させてしまえば、こんな嘘もたちどころに見破られてしまう。だがそうなったらなったで、ジェフのこんな返事が待っている。

「はいはい、わかりました。わかりました。もしかすると、ちょっと小突いていたのかもしれません。でも、あいつのせいです。今週ずっとつきまとわれていたんですよ」

伝統的な精神分析なら、ジェフはここにいたって「否認の状態を脱した」とするところだろうが、こうした心理状態から本当に抜け出たかどうか、その外観からは知るよしもない。感情的な痛みは人の目には映らないのだ。ジェフが悲しみで取り乱していると言われても、その姿を目で認めることはできない。目に映るのは生半可な返事でしぶしぶ自分の非を認めるジェフであり、周囲が受け入れてほしいと願う原理原則に対して、かたくなな抵抗をやめようとしないジェフの姿だ。そこには恥の意識やうしろめたさなどみじんも感じられず、反抗的なようすしかうかがえない。

ジェフの行動に関して決して忘れてはならない特徴がある。嘘を口にするジェフはよどみなく、長年の習慣でもあるようになめらかだった。とはいえ、これは無意識に行われたものではない。自分の行為についてジェフは何をしているのかはっきりと自覚していた。無実を装い、そんなひどい真似などしていないとかたくなに否定していれば、やがて告発者たちのほうが自分たちの申し立ての正当性を疑い始める。

たび重なる同じような経験から、この方法は相手と渡り合う手口として効果があることをジェフは学習していた。以前も同じ手口で難局を逃れられたなら、今度も同じ方法が使えるとジェフはそう踏んでいたのだ。習慣的でよどみない反応と、無意識の行動はまったく別のものであることをくれぐれも忘れずにいてほしい。

パーソナリティー障害、とりわけ攻撃性パーソナリティーに顕著に見られるのは、さまざまな感情的言動を動員し、あるいは対人関係を操作することによって、自分の欲望の達成を図っているという点だ。本章ではその手法について列挙するが、このような手口を駆使することによって彼らは相手を追い込むと同時に、さらにいくつか相乗効果さえ手にしている。その相乗効果とは、第一に自分の好戦的な意図を隠せること。第二に、頻繁に用いることで被害者を守勢に追い込める。第三に、常習的に使っているので本人の反社会的性向は高まるが、世間とのかかわり方については自分が得意とする方法が強化される。懸念されている社会的規範を彼らが受け入れ、それに服従する機会は阻まれるので、自分たちがその流儀を変える機会はますます遠のいていく。

そして四番目、彼らのこんな言動をきちんと理解できる人などほとんどいないので、人を搾取して思いのままに操り、また相手をいたぶりコントロールする手段として、こうした方法はきわめて効果的な手口になる。かりに従来の心理学モデルに精通していれば、こんな行為を示す人物は「自分を防衛している」とそう思い込んでしまうだろう。自分に対して闘いを挑んでいる張本人を守勢に立っていると思わせてしまうことは、そう考える相手を圧倒する方法としてきわめて効果的な策略にほかならない。

この章でこれから説明する行動が相手にうかがえたとき、それはこちらに対して精神的な攻勢に出ているのだとまっさきに認められれば、確固たる行動に踏み切る心の準備も整えられるようになり、相手からの蹂躙《じゅうりん》を受けることも避けられる。

狡猾なマニピュレーターがどうやって人をだまし、どんなふうにしてこちらにつけこんで支配しているのか、その手口という手口を余さず列挙することは不可能だが、以下にリストアップする反応行動や対人操作のいくつかは、パーソナリティー障害を病む者のうちでも攻撃性パーソナリティー、とりわけ潜在的攻撃性パーソナリティーが好んで用いる戦術だ。

こういう行動が見て取れたとき、相手がまさに攻撃をしてきた瞬間だと感知できるのはきわめて重要だろう。彼らが挑んでいるのは、社会が彼らにしたがえと突きつける価値観や行動規範に対してだ。そして、相手の抵抗を封じ、自分の流儀を押しとおすために彼らは闘いつづけている。

潜在的攻撃性パーソナリティーは、とくにこうした策略を用いて闘うことを得意としており、自分たちの好戦的な意図をおしかくしたまま相手を守勢に追い込んでいく。人は守勢に立ってしまうとどうしても混乱し、自分の考えに自信がもてなくなって腰も引けてしまいがちだ。だが、マニピュレーターはこんな策略を使ってやりたいようにふるまい、被害者を圧倒する地位を手に入れようとしている。

策略は単独で用いられることもあるが、手口に長じたマニピュレーターほど一度にさまざまな手をくりだしてきて相手の操作を試みることが多く、自分は体《てい》よく翻弄されていたと被害者が気がつくころには、すでに取り返しのつかない状況に陥っている。

〈矮小化〉

矮小化という手口は、後述する「合理化」とともに用いられる彼ら特有の否認の方法だ。攻撃性パーソナリティーが矮小化を行うとき、本人は自分の行動は人から言われるほど悪意のあるものでも無責任な行為でもないと言い張る。つまり、自分のやったことなど取るに足りないものに見せかけようとするのだ。

神経症とパーソナリティー障害のちがいが、矮小化をめぐってはっきりとうかがえる。神経症の患者はささいなことをつねに過大な問題と受けとめて頭を抱える。つまり些事を大惨事と考えてしまう。一方、攻撃性パーソナリティーは、つねに自分の悪事をありきたりなものに見せかけようとする。そうすることで自分を問いただす者に、その非難はあまりにもひどすぎるとか、自分の立場に対する評価が十分ではないと思い込ませようとしている。

第7章に登場したジャニスとビルの場合、ビルは自分のアルコール依存症はたいした問題ではないと言い張り、ストレスが激しいとき、あるいはジャニスの支えがないときに限って度を超すと、そう答えることによって問題の矮小化を図っていた。はじめのうちはジャニスもこうしたビルの言葉に説得され、夫の酒癖はかならずしも耐えられないというほどではなく、ああした飲み方をしていてもそれほど深刻なようすはうかがえないと自分にもそう言い聞かせていた。

私自身、長年におよぶ治療を通じて、さまざまなタイプの攻撃性パーソナリティーの患者たちと何百という数で出会ったが、彼らはいずれも自分の攻撃行動の本質と深刻さを矮小化しようとしていた。

「少しは家内の体には触れたかもしれないが、殴ってはいない」

「小突いただけで、怪我などさせてはいない」

こんなことばかりを口にしていた。「少しは」「だけ」という言い方が頻繁に使われていたので、私はセラピーの最中、その二語の使用を禁じた。いつも同じ話ばかりだった。彼らは私にこう思わせたいのだ。もしもこちらが疑うように、彼らの行為を本当に悪質なものだと判断するのなら、そう結論づけた私が過ちを犯していることになる。

彼らの矮小化は、自分たちの行為に対し、その気持ちを楽にすることを目的にしているのではなく、私が彼らに対して抱く印象を操作することが目的だ。ならず者を見るような目で自分を見てほしくはないのだ。彼らの場合、攻撃性パーソナリティーというそのスタイルが心地いいのであり、そのスタイルのままでいるには、自分たちのようなタイプにはなんの問題もないことを私に信じ込ませなくてはならなかった。

〈虚言〉

嘘を口にされてもそれが嘘とはなかなか見抜けない。だが、よくしたもので情況が嘘を支え切れず、やがてその嘘にもほころびが生じて真実が露見することがある。もっとも、それと気がついたときにはすでに手遅れという場合も少なくはない。

マニピュレーターの嘘から逃れる方法のひとつとして覚えてほしいのは、どのようなタイプであれ、攻撃性パーソナリティーは目的のためならどんな手段も辞さないので、相手はかならず嘘をつく、かならずこちらをあざむくものと考えておくのだ。さらに、マニピュレーター、すなわち潜在的攻撃性パーソナリティーにはその本性として、嘘と判別しがたい巧妙な虚言を口にする傾向がある。

法廷で「真実を、すべての真実を、そして真実だけを語る」ことを誓えと命じられても、嘘などいかようにもつける方法があるのをよく知っている者もいる。マニピュレーターをはじめ、攻撃性パーソナリティーの虚言の弄し方はほとんど芸術の域にまで達しているのだ。パーソナリティー障害を病む者の多くが頻繁に嘘を口にする事実を心しておくのは重要だ。おもしろ半分のときもあるし、明らかに嘘とわかるときでさえ、彼らはためらうこともなくそれを口にしている。

〝重要な言葉を伝えずに嘘をつく〟方法は、マニピュレーターがよく使う手であり、きわめて見破りにくい。同じように、〝事実をねじまげて嘘をつく〟方法がある。真相の大半をわざと伝えず、あるいは肝心の部分をゆがめて伝え、相手には事の真相を秘密のままにしておく。はなはだしい例では、事実だけを並べたて、嘘をでっちあげた強者がいた。真実だけを口にしてどうやって嘘などつくことができるのかといえば、話のポイントや全体像の理解に不可欠な事実を〝言い忘れる〟ことで相手をだましていたのだ。

事実を巧妙に歪曲する方法のひとつが意図して意味を曖昧にしておくというもので、マニピュレーターが好んで用いる策略である。ストーリーは念入りに組み立てられているため、聞かされたほうは話の全貌を知り得たという印象を抱くが、きわめて肝心な部分が抜け落ちているので、本当の全体像など知ろうにもその手立てはない。

第4章のアルとドンの例では、雇用が継続されるかどうか尋ねるドンに、アルはすべてを話そうとはしなかった。計算されつくした違和感のない事実の脱落だったが、ドンには致命的な嘘になった。会社の計画についても、アルは意図して曖昧なままにしておいた。ドンの耳にもいずれは本当のことが伝わるとアルは考えていたかもしれないが、本人の耳におよんだときにはアルの目論見を阻止するにはすでに手遅れになっていた。

〈否認〉

前述したように、ここで言う「否認」とは、悪意から人を害し、あるいは傷つけるような行為におよんだのが明らかにもかかわらず、攻撃した本人がその事実を認めるのを拒むことを意味する。この「否認」とは、攻撃的な意図をどうあざむくのか（それは他者と同時に自分にも向けられている）というその方法なのだ。

攻撃者の不適切なふるまいを問いただす被害者たちは、「否認」に見られるこの「どうしたっていうの？　私が？」式の手口を目の当たりにして、自分がどれほど不当に扱われているかを思い知らされる。「否認」とは、攻撃者が思いのままにふるまえる権利をどのようにして自分に授けているのかという、その手口でもあるのだ。

くりかえすが、こうした否認は最愛の人を失ったばかりの者が悲痛と喪失の現実を受け入れることができないときに示す「否認」とはまったく別のものだ。そのような否認は、もっぱら耐えがたいばかりの傷心や不安から自分を守るためにあるが、詐術としての否認は、そもそも防御とは言いがたいものであり、自分の悪巧みを相手に徐々に認めさせるため、相手から譲歩を引き出し、あるいはその身を退かせ、場合によっては犠牲者のほうこそ問題ではないかとそう本人に思い込ませる攻撃者の意図した操作なのである。

第3章の聖職者の例では、ジェームズがその非情な野心を否認する際に示したようすは尋常なものではなかった。家族を傷つけ、ないがしろにしている事実さえジェームズは認めなかったが、とりわけ顕著なのは、あれほど執拗に追い求めた自分の野心さえ否認したことである。一方でジェームズは、おおいなる目的に仕える従順なしもべを演じつづけた。その思いは気高く、汚れのないものだと周囲に思い込ませた（あるいは自分でも本当にそうだと思い込んでいたのかもしれない）。

だが、その素顔に誠実さが欠落しているのを本人も自覚していた。家庭問題をこじらせては長老会の一員になることが危ぶまれると知ったときのジェームズの反応にそれがうかがえる。執着しつづけた野心が無駄になるかもしれないと知ったジェームズは、ここで興味深い〝転向〟を図っているのだ。主の命令をひとまず棚上げにし、その週末、家族のために時間を捧げることを前ぶれもなく決めたのだった。牧師の言葉にジェームズの目が開かれたわけではない。自分の野心にとって、何が得か損かには普段から目敏かったジェームズである。妻との問題をこじらせれば、自分の本当の望みがついえてしまうのを知っていた。だから、それが一時的なことであれ、ジェームズは進路を変えることを選んだのだ。

第2章のジョーとマリーの例では、娘リサの扱いをめぐり、マリーは夫の態度が無神経で思いやりが欠けているのではないかとなんどもそう口にしていた。だが、ジョーは自分の攻撃性について否認した。それどころか、マリーが攻撃性と直感しているものは、じつは自分の良心であり愛情であって、父親としてのひたむきな気づかいであるとマリーにまんまとそう思い込ませていた。

ジョーが望んだのはオールAの娘だった。だが、マリーがその望みの前に立ちはだかっていた。ジョーの否認は、自分の目的にとって障害と化した妻を取り除くための作戦にほかならなかったのである。

〈選択的不注意（あるいは選択的注意）〉

「選択的不注意」とは、相手の警告や申し立て、願いをわざと無視することであり、自分の目的の妨げになる部分、あるいはそのようなものすべてに対して注意を払うことを拒むことをいう。「そんな話は聞きたくもない」というそぶりを見せても、拒否している当の本人は相手が自分にどうしてほしいのかは十分に理解している。だが、こうしてほしいと請われても、この「選択的不注意」を使えば、こちらに注意を向けろという命令にしたがう必要はなくなり、他人がどうにかしてほしいと願う自分の行動を慎む必要もなくなる。

第8章のジェニーとアマンダの例では、母ジェニーは責任を負おうとしない娘の行動に対して、いったんは許した課外活動を禁止にすると言った。だが、アマンダはそれに耳を貸そうとしない。教師はもっと勉強をするように注意したが、それにもしたがおうとしなかった。人の話に耳をかたむけ、相手の忠告を検討することは、数ある行為のなかでもまさに相手に服従する行為にほかならないのである。

アマンダは簡単に服従するような子どもではなかった。自分を妨げる者は何者であろうと許さず、権威ある大人を相手にしても、たいていの場合、最後には自分が勝利するというかけひきに対する自信があり、その自信が周囲に対するアマンダの耳を閉ざした。なぜ人の話を聞く必要があるのかがアマンダには理解できなかった。アマンダ本人からすれば、自分より力や能力、賢さの点で劣る者の助言や指示を聞き入れるのは、みずからの力や影響力を軽んじることでしかなかったのである。

注意欠陥障害と診断される子どものなかには、人間関係を操作したり、責任を回避したりする方法として「選択的注意」を過剰に利用する子どもがいる。こうした子どもは、課題や状況に対して、なんらかの方法で、自分に望ましいと思われる刺激や興味、あるいは楽しさを見出して、信じられないほどの集中力と持続力を発揮する。だが、関心にそぐわない話を聞かされたり、あるいはやりたくもないことを命じられたりした場合、その注意はかならずと言っていいほど別のものに向けられる。とくに権威ある者が指示や命令を出した場合にこの傾向ははっきりとうかがえる。子どもはといえば、その命令を聞き流し、軽視することでこれに対する闘いを始める。

マニピュレーター（とくにそれが子どもの場合）の診療で決まって感心するのは、選択的不注意という手段を使って、彼らが困難な状況といかに向かい合い、いかに巧みに対応しているかだ。この傾向は、煩わしい事態を免れるためにはどこに注意を向け、あるいはどの点だったらまったく手を抜けるのかというその選別に徹底している点で、さらにはっきりとうかがわれる。

業を煮やした親に引きずられるようにして私のもとにやってきた子どもは、本心では何も話すことなどないし、話など聞きたくもない。相手が私から目をそむけていたり、あるいはこちらに対して十分な注意を払っているようすがうかがえないようなら、私もこうした子どもたちにはいっさいかかわらず（声をかけたり、きちんと耳をかたむけないなど）、まったく手持ちぶさたのまま、相手にされない不快感というものを経験してもらうようにしている。

話のテーマが相手の耳の痛い点におよび、私から目をそむけるようなら、私はそこで話を中断する。子どもがこちらに向き直って視線を戻し、話を聞き入れるようになれば再び話を始める。私が〝選択的話法〟と呼んでいる手法だ。

耳が痛くなる話でもあえて耳をかたむけようと努力する子ども、できれば避けて通りたい話題でも向き合おうとする子どもに私は称賛を惜しむつもりはない。そうした姿勢はいつも認めるようにしているし、人の話はきちんと聞くように私はさかんに勧めている。こうした努力の価値を認めることによって、子どもたちの自尊心の感覚もはぐくまれていく。

人というものは、何かを受け入れつつ、それと同時に受け入れるのを拒むことなどできはしないと覚えておいてほしい。だから、相手がわざとこちらから顔をそむけるときに、あれこれ言っても時間の無駄である。相手がかたくなな態度（あるいは戦闘状態）を解いてこちらに注意を向けるようになってこそ、こちらの話も相手に伝わる。

〈合理化〉

攻撃者が不適切、あるいは人に害をなすと自分でもそう考える行為を行う場合、その口実のために用いられる手法が「合理化」だ。理屈にさとい良心的な人でさえ、相手が唱える説明や正当性にたやすくだまされてしまうほど効果的な戦術だ。

合理化にそれほどの効果があるのは、これによって攻撃者自身が内心で感じている抵抗感が除かれ（もしも良心があれば、いかなる良心も黙らせる）、相手の口出しも封じることができるからである。何をやろうとその正しさを相手が納得していてくれれば、邪魔されることもなく、より自由に自分の目的を推し進めていける。

第2章のリサの例では、母親のマリーは、以前のような従順で成績優秀のリサに戻すため、さまざまな手段を求めつづける夫の執拗さに居心地の悪さを感じていた。そしてマリーは、リサが自分の問題に立ち向かい、問題解決の手段としてカウンセリングをつづけることをリサ本人が願っていることにも気がついていた。

だが、夫の強引さに不安を抱き、娘が受けている衝撃に気づきながらも、マリーはジョーの合理化を受け入れてしまった。それは、まともな親なら無関心な他人よりも娘の事情に通じてしかるべきであること、そして、父親ひとりだけが娘を助けるために必死になって取り組み、親としてできるかぎりの義務を果たそうとしているというジョーの合理化だった。

合理化によってマニピュレーターが目的を果たすとき、彼らはほかの戦術を組み合わせることで、効果をさらに確実なものにしている。たとえば、ジョーがマリーに自分の正当性を納得させようとしたとき、いつものお得意の合理化のほか、さり気ない策略を弄し、自分と同様な誠実さを示そうとしない妻に対して、本人が気おくれ（子どもの問題に父親ほどの関心を払わない恥ずかしさ）とやましさ（罪悪感）を抱くようにしむけていた。

〈話題転換〉

動く標的にねらいを定めるのは簡単ではない。マニピュレーターを問い詰め、相手の好ましからざる一面や行為について話し合おうにも、相手は話題をすり替え、問題をはぐらかすなど、こちらの不意を突くことにかけて達人なのである。

古くからマジシャンたちに知られているように、相手の注意をうまくそらせたら、そのポケットに何かをすべりこませたり、抜き取ったりするのは思いのままだ。マニピュレーターも、「話題転換」と「注意拡散」という手を使い、人の目を自分の行動から遠ざけたり、相手の注意をそらしたりして身勝手な策略にふけっている。その手口は本当に巧妙をきわめている。大切な問題で正面から向かい合っていても、気がついたら肝心な話題に話がおよばないのはどうしてなのかと頭をひねるばかりだ。

ジェニーとアマンダの例では、ジェニーが娘に宿題のことで確認したとき、アマンダは「イエス」「ノー」と答える代わりに、教師やクラスメートが自分をどんなふうに扱っているかという話に話題をそらした。ジェニーもそんな脱線を許し、質問に対する返事をついに聞けずじまいだった。

同じ例はドンとアルの場合にもうかがえる。アルが話題を変えたのは、ドンがアルに対して、このまま会社で働きつづけることができるか尋ねたときだった。だが、アルは営業成績に関する満足の有無という話に話題を切り替えた。しかも、そもそもこの話題はドンが切り出したかのように話を進め、ドンの率直な質問にまともな答えを返そうとはしなかった（マニピュレーターはこの手のかけひきについては名うての使い手なのである）。

アルが口にしたのは、ドンの不安を和らげ、この問題についてドンがこれ以上問いただすことがないようにできると考えた話題だった。ドンはアルからたしかに返事をもらったような気がしたが、ドンが耳にした返事とは、アルのその場しのぎの言い逃れにすぎなかった。

私の息子が小学校に入って間もなくのころだ。宿題をきちんとやりとげる責任感をもたせる必要を感じた私は、教科書は毎日家にもって帰ることをルールとする約束を息子と交わしていた。あるとき、「今日も教科書はもって帰ってきたかい」と息子に尋ねたことがある。質問に息子はこう返事をした。「テストは明日じゃなくて、金曜日までないよ」。

私の問いは簡潔にして明快な質問だ。だが、子どもはわざと曖昧にし、話題をそらすようにして答えていた。質問に対してばか正直に答えようものなら、教科書を学校に忘れてきた責任を負わされるのを知っていたのだ。話題を変える（しかもそれを「合理化」さえしていた）ことで息子は責任から逃れようとしたが、息子はこのときすでに私に対して計略をめぐらせようとしていたのだ。投げかけた質問に対して率直な返事がないとき、なんらかの理由で相手は自分を煙に巻こうとしていると考えて差し支えはないだろう。

〈はぐらかし〉

手口は「話題転換」にきわめてよく似ている。ずばりの質問に的外れや不適切な返事で応じた際など、答えたマニピュレーターが窮地に追い詰められるのを避けたり、問題を意図的に回避したりしようとする場合に使われる。

さり気なく、しかも効果的なのが、わざと曖昧にするという方法だ。潜在的攻撃性パーソナリティーが得意としており、単刀直入な質問にも漠然とした返事を返して寄こす。こちらは聞き耳を立てなければならないが、曖昧にするために意図的に口をつぐんだ言葉も少なからずあり、実際は口にしていないにもかかわらず、そう答えたと相手が思い込んでしまう場合もある。

以前、ある患者にこれまで薬物乱用の診断を受けたことはないかと尋ねたことがある。相手の返事はこうだった。

「一度、家内に連れられて病院を訪れたが、少し話をしたあとでもう来る必要はないと言われた」

これこそはぐらかしと曖昧さに満ちた、そして重要な内容が意図して省かれた返事だ。ところどころに真実はあるが、話全体となるとその内容は一変する。男はメンタルヘルスセンターを訪ねて初回面接を受けていた。妻が強引に受診を命じたという。初回評価を受けた男はセンターから、薬物乱用という診断を受けていた。

その後、経過を観察するため、グループ療法と個人療法のスケジュールが組まれたが、男が出席することはほとんどなかった。あるグループセッションに遅れたとき遅刻をとがめられ、自分から真剣に助けを求めないかぎり、もう顔を出す必要もないだろうとは言われていた。

会ったときの第一声で、男が私に思わせたかったのは、〝あそこ〟（こうした言い方がすでに曖昧なのだが）では、健康上の問題は何もないと言われたということだったのである。

〈暗黙の威嚇〉

攻撃性パーソナリティーは相手に対して頻繁にゆさぶりをかけ、気をもませて不安をあおり、犠牲者を一段低い地位にとどめ、支配したままにしておこうとする。「ああ言えば、こう言う」弁舌にたけているので、熱弁を駆使して難なく相手を追い詰めることにも慣れている。また、微妙でもってまわった、それとははっきりとわからない脅しをおもに用いて威嚇するので、あからさまな憎悪や脅しだと悟られないまま相手を守勢に追い込むことができるのだ。

第6章のメアリー・ジェーンのケースでは、彼女が次の仕事を確保するために、自分の書く推薦状がどれだけ重要なのかをボスのジャクソンは十分に心得ていた。メアリー・ジェーンがもし一件を暴き立てるような真似をしたら、転職などできなくしてやるとジャクソンは暗にほのめかしていたのだ。

セラピーを通じ、たび重なるジャクソンとの面談を振り返って、自分はそれとわからないままなんども相手から脅迫を受けていたことをメアリー・ジェーンはついに思い出していた。「ちかごろは仕事を見つけるのも楽じゃない」と相手は口にし、メアリー・ジェーンが昇給の件をもちだしたり、セクハラまがいの行為にわずかでも不快なようすを示したりするたび、ジャクソンは「推薦状のような件についてはつねづね慎重に扱うようにしている」と決まって口にしていたが、もしかしたらそれはたんなる偶然ではなかったことに思いいたった。

仕事をどうしても必要としていたメアリー・ジェーンは、まぎれもなく受け身に立たされていた。さらに追い込もうとするジャクソンの暗黙の威嚇で、メアリー・ジェーンは相手の支配からどうしても抜け出すことはできなかった。

本章の最後でも詳しく説明するように、威嚇は、それと明確にわかる威嚇、わからない威嚇にかかわらず、人を操作する手段としては効果的だ。しかし、潜在的攻撃性パーソナリティーの多くは、はっきりとわからない威嚇を好んで用いている。あからさまな威嚇でなければ、人に対する自分の印象をきわめて有利にコントロールできる。このタイプにとって、相手を思うままに操作することも大切だが、それでも自分に対する印象はどうしてもそこないたくはないのである。

〈罪悪感を抱かせる〉

相手に罪悪感を抱かせるというこの策略は、次に説明する「羞恥心を刺激する」と並んで潜在的攻撃性パーソナリティーが好んで用いる手口だ。これは特殊な威嚇法と言っていいだろう。

攻撃性パーソナリティーは、自分とはちがうタイプの人間、とくに神経症タイプは自分とまったく異なる良心をもっており、そして健全な良心の持ち主のあきらかな特質とは、罪悪感と羞恥心を感じ取れる能力だということを知っている。犠牲者が良心的に優れていればいるほど、その良心につけこんで相手の自信や不安をゆさぶり、自分の意に従わせておく手口にたけているのだ。相手が良心的であるほど、相手に罪悪感を抱かせるというこの手口はさらに効果を発揮する。

ジャニスとビルの例では、ジャニスは家族のために自分の時間と精力を捧げていなければ簡単に罪悪感を抱いてしまうのを夫のビルは知っていた。妻が家を出ていこうとしたとき、その罪悪感につけこみ、ジャニスを縛りつけようとした。あからさまではなかったが、電話の会話でもやはりビルは相手の罪悪感にゆさぶりをかけようと、子どもの近況や自分の寂しい思いを口にしている。

しかし、こうした方法が功を奏しないと知ったとき、ビルは相手に罪悪感を抱かせる最後の方法に打って出た。心から相手に尽くしてきたにもかかわらず、その当の相手を死に追いやろうとした張本人が自分だという事実に耐えられる者などいるだろうか。

攻撃性パーソナリティーのタイプにかかわらず、いずれのタイプも相手の罪悪感を刺激するという手法を関係操作の手段として頻繁かつ効果的に使っており、この点にほかの人格（とりわけ神経症患者）と攻撃性パーソナリティーの根本的なちがいが現れているのではないかと考えられている。

マニピュレーターがやることといえば、自分よりも良心に勝る相手に向かって、配慮が足りない、自分勝手などと皮肉るだけであり、それを耳にした相手は当惑するほかない。だが、立場を変え、今度は被害者側がマニピュレーターを相手にその行動の反省を迫り、責任感の必要を説き、あるいはその悪行を認めさせようと、説得をとことん試みてもまったくの徒労に終わってしまう。

〈羞恥心を刺激する〉

これはさり気ない皮肉やあてこすりで相手の不安をかきたて、その自信にゆさぶりをかけていくという策略だ。この方法で犠牲者が自分の能力や価値観に疑問をもつようにしむけ、自分の意にしたがわせようとする。相手の劣等感をあおるには効果的な戦術なので、攻撃をしかけた者は支配する側にとどまっていることが可能となる。

まともな親なら自分と同じことをやっているとジョーは言い張り、それができない妻のマリーは〝まともではない〟親だと暗にほのめかしていた。ジョーはマリーが自分を恥じるようにしむけていたのだ。効果的な方法だった。マリーも娘の面倒も満足にできない母だという立場をついに恥じ入り、ひとりの人間として、ひとりの親としての自分に疑いを抱く。やがてマリーは夫に判断をゆだね、その結果、ジョーは妻に対する支配的な地位を保ちつづけることができたのである。

潜在的攻撃性パーソナリティーは、きわめて巧妙な方法で人の羞恥心を刺激するエキスパートだ。それは目配せや声の調子などのさりげないしぐさにこめられていることもある。厚かましくも自分に楯を突くような者に対しては、もってまわった言葉づかいや何気ない皮肉、そのほかいろいろな手段を使って身のほどを思い知らせようとする。

学校が実施したリサの教育評価について、私がそれを認めようとしたとき、ジョーは私に対してこんなことを口にした。

「先生の専門分野や学位のことははっきり知りませんが、原因がないのにもかかわらず、リサのように成績を落としていく子どもはいないはずですよ。なんの検査もしないまま、あの子は学習障害ではないと断言するつもりじゃないでしょうね」

ジョーは、そんな検査のことなど念頭になかった私にそう言って恥じ入らせようとしていた。ジョーのたくらみに気がついていなければ、私も何も考えないままその言葉を聞き入れていたかもしれない。

〈被害者を演じる〉

相手の同情を得ようと、意図して不運な人間や人に傷つけられた被害者を演じ、それによって相手の感情をかきたて、目的とするものを手中におさめようという策略である。温和で優しいタイプほど、困っている人を前にじっとしていられないのを潜在的攻撃性パーソナリティーはよく知っていて、彼らはそれを利用している。だから、手口としてはシンプルなものだろう。苦しんでいると人にそう思わせれば、相手はなんとかしようとしてくれる。良心に勝り、感情が豊かで心優しき人たちの弱点とは、たやすくその同情心につけこまれてしまう点にあるのだ。

この手口にかけて、ビルほどの使い手はいない。あらゆる手を尽くして妻のジャニスを家に戻そうとしたが無駄だった。だが、病院のベッドに横たわり、心に深手を負って自暴自棄になったと妻に思わせたとき、そんな夫を目の当たりにして、ジャニスの限界もそこまでだった。

ジェニーとアマンダの例では、娘のアマンダも被害者役を上手に演じた。自分は露骨なえこひいきの犠牲者で、いわれのない敵意の的になっていると母親に信じ込ませた。母親のジェニーがこう口にしていたのを覚えている。

「学校では先生に嫌われ、私にも嫌われているとか言っていても、それはあの子の勘ちがいだと思うこともありました。でも、あの子が本気だったらどうでしょう。心底自分は母親に嫌われていると考えていたら、あの子に向かってもうこれ以上強く言うことなんてできませんでした」

私はジェニーにこう答えていた。

「問題は、娘さんがあんなたわごとを本気になって信じているとかいないとか、そんなことではないのです。娘さんがお母さんを思いどおりにできるのは、あなたがそうだと信じ込んでいるからであって、それを口実にして、娘さんは好き勝手な真似をしているのです」

〈犠牲者を中傷する〉

この手口は「被害者を演じる」といっしょに使われることが少なくない。攻撃する側はこの策略によって、被害を受けているのは自分で、自分を守るためにはからずも闘いに応じるしかなかったと見せかけることができる。その結果、本当の被害者をさらに守勢に追い込んでいけるのだ。

再び、ジェニーとアマンダ親子を例に見れば、自分を「嫌っている」とか「いつも意地悪なことばかり言う」と母親を非難することによって、自分は母親に〝いじめられている〟とジェニーにそう思い込ませたばかりか、同時に母親をいたぶり、相手をひるませることにもまんまと成功していた。犠牲者を逆に非難するというこの手法は、相手をそれと知らずに守りに追い込むには非常に効果的でありながら、同時に加害者の好戦的な意図や行動を覆いかくせるという効果がある。

〈忠実なるしもべを演じる〉

この手口を使えば、自分勝手な目的をあたかも崇高な理念に奉じているかのように取り繕うことができる。手口としてはありきたりだが、それを見抜くのはなかなか容易ではない。他人のために一心不乱に働いていると見せかけることで、ひそかに抱いている力への渇望や野心、他者を支配する地位を手にしたいという潜在的攻撃性パーソナリティーならではの下心を隠蔽することができるのだ。

ジェームズとジェーンの例では、多くの人の目にジェームズは寸暇を惜しんで仕える主のしもべと映っていた。聖職者として、役職以上の活動に専念し、しかも倦むことを知らない。だが、自分を必要とする信者のために身を捧げるのがジェームズの目的としても、その陰でジェームズの家族は顧みられないまま普段は放っておかれた。その事実に誰がいったい気がついていただろう。攻撃性パーソナリティーとしてジェームズは何者にも服従する気はなかった。唯一、ひざまずくことができたのはジェームズ自身の野心にほかならなかったのである。

〈人をそそのかす〉

潜在的攻撃性パーソナリティーは人を称賛して褒めそやし、有頂天にさせるのが本当にうまい。お世辞やこれ見よがしに援助の手を差し伸べる術にも長じているが、それもこれも相手の警戒心を解き、その信頼や忠誠心を自分に差し出させるためにほかならない。

パーソナリティー障害を病む、病まずにかかわらず、人は誰しもなにがしかの精神的な欠乏や依存を感じ、その思いを満たすために他人の称賛や承認、高い評価、かけがえのない存在だと認められたいという願いを抱えている。そして、潜在的攻撃性パーソナリティーはこうした人間心理に精通し、そんな相手の欲求を満たしてやれると思わせることで、途方もない影響を相手におよぼしている。63ページで触れたジム・ジョーンズやデビッド・コレッシュといったカルトのみすぼらしい導師《グル》は、この手法を芸術の域にまで洗練させていた。

アルとドンの例では、アルは人をそそのかすことにかけて完全無欠だった。相手の警戒心をたやすく解いて忠義と信用を引き出す。それができるのもアルは相手が一番欲しがっているものを差し出すことができたからである。人というものがどれほど他者から評価され、重要だと見なされたいか、アルはじつによく心得ていた。だから、アルもよく口にしていた。アルの邪魔者にならないかぎりは、誰も自分の掛け値なしの姿に向き合う必要はなかった。

〈責任を転嫁する（他人のせいにする）〉

激しい攻撃性を帯びた人格は、自分に向けられた非難を転嫁できる先をつねに探し求めている。潜在的攻撃性パーソナリティーはこうしたスケープゴートを見つけ出すのに秀でているばかりか、しかもじつに巧妙に行っているので、そのたくらみを見抜くのは容易なことではない。

ジャニスとビルの例では、ビルはアルコールを乱用していた。本人も自分は長い期間にわたって乱用していることを自覚し、いったん酒が入るといろいろな点で乱れてしまうのは知っていた。ジャニスはそんな夫に注意を与えたが、このときビルはあからさまに抗うことはなかった。その代わり、自分が酒に手を出すのは妻の支えが得られないと感じたとき、そして酒さえ飲まなければ、妻から非難されるような真似はしていなかったとそれとなく指摘するのを忘れなかった。そうだとはっきり言葉にはしなかったが、自分の問題行動は妻と酒が原因だとビルは非難していたのだ。

自分の問題を妻が原因だとするまさにその考え方こそ問題行動なのだ。これこそ、ここまで私が説明してきた詐術のきわめつきの実例であり、攻撃性パーソナリティーがどのように攻撃におよんでいるのかという典型なのである。

〈無実を装う〉

加えた攻撃について、それはわざとではないと相手に信じ込ませ、非難されるような行為はしていないと被害者を納得させるときに用いるのが「無実を装う」という手口だ。被害者が自分の判断を疑い、正しく判断したかどうか疑問を覚えるようにしくまれている。問題に直面したとき、驚きや怒りの表情といった、きわめて微妙でささいなしぐさで行われる場合もある。目配せひとつだけで相手をたじろがせ、被害者に非難する正当性が本当にあるのかどうか考え直させてしまう。

〈無知を装う・混乱を装う〉

「無実を装う」と非常によく似ているが、こちらは「無実」を装うのではなく、相手が話す内容について無知を装ったり、自分の注意をうながそうと躍起になっている相手に対して困惑したようすを装ったりすることをいう。〝しらばっくれる〟ことによって、自分に向けられた相手の詰問の正当性を疑うようにしむけたマニピュレーターならではのやり口だ。

パーソナリティー障害を抱えた大半の者にこの手法を使う傾向がうかがえるが、自分たちの悪意をおしかくすにはとても効果的だ。ただし、パーソナリティー障害、とりわけ攻撃性パーソナリティーの多くは目的志向が高く、自分の計略をきちんとリードできる者たちであり、その戦術は意識的で十分に計算し尽くされているうえに、さらに慎重を期して実行されているものなのである。

なぜこちらを攻撃しようとするのか、面と向かって相手にその理由を問いただしても、おそらく本人は〝知らない〟と言い張る場合がほとんどだろう。だが、〝まったく知らない〟という相手の言い分などに決して耳を貸してはならない。

〈これ見よがしに威嚇する〉

「怒りの表明」をマニピュレーターが用いる有力な手口として列挙するのは、いささか見当ちがいであり、また不適当な印象を与えるかもしれない。怒りとは、他者への攻撃に先だって生じる無意識の感情的な反応だと考えられ、一般にアンガーマネジメントもこうした考えのもとに行われている。

しかし、私の研究や他の研究者の調査では、怒りを意図的に現す行為は入念に錬られた計算にもとづいており、人を威嚇して支配するという点では、人間関係を操作する手段としてこれ以上ない方法であることがわかっている。さらに言えば、攻撃性パーソナリティーを理解するうえで、怒りの表明はかならず攻撃に先だっていると考えるのは誤りにほかならない。

短気なドライバーを例に考えてみよう。A地点からB地点にクルマで移動するのに、制限速度を四〇キロもオーバーして運転しているドライバーは、かなり攻撃的な心理状態にあるのは明らかだ。こうしたドライバーをもっとも怒らせるのが、その前に割り込んで、制限速度を約一五キロも下回るスピードでクルマを走らせるような行為だが、言葉を換えれば、これはいらいらを募らせた攻撃性が怒りを生んだと言えるだろう。

けんか腰になったドライバーはホーンを激しく鳴らし、うしろからあおりをかけて、なんとか道を譲らせようと、あらゆる手段を使って前のクルマに自分の怒りと脅しを伝えようと躍起になる。おそらく、そうこうしているうちになんとか前のクルマをやり過ごしてしまえば、クルマは再びなんでもなかったように前へ前へと進んでいく。

好戦的なパーソナリティーは、これ見よがしに怒り出して、威嚇することで相手をつごうよく操作しようと試みる。つまり、最初に怒りありきではないのだ。目的は望みのものを手に入れることに向けられているので、そのたくらみが拒まれたときに彼らは本当に怒り出す。

障害を除くためにありとあらゆるかけひきが動員される。そして、なかでももっとも効果的な方法こそ思うさま怒りをこめた威嚇であり、その激しい感情表出で相手を服従させてしまうのである。

潜在的攻撃性パーソナリティーがおもにどのような手口で人間関係を操作し、他人を支配しているのかを紹介したが、こうした手法はいずれも簡単に見破れるものではない。好戦的なパーソナリティーの場合、傾向としてこうした手法を使うことがすべてに認められるものの、これが潜在的攻撃性パーソナリティーになると、手口は巧妙かつ繊細で、見抜くのは本当に容易なことではないのだ。このタイプを相手にするのなら、その策略に対してはこちらも本能的なレベルでカンを研ぎすませておかないと、相手の術中に陥るのを避けるのは本当に難しくなってしまう。

*

覚えておいてほしいのは、こんな手法を頻繁に使う者を相手にした場合、いま向き合っているのがどんな性向の人間であるか知るだけではなく、どのような問題行動を抱え込んでいるかについても注意を向けることにある。こうした手法それ自体が対人関係を操作する道具であると同時に、当の加害者自身が自分を変えることを拒んでいる具体的な抵抗の証でもあるからだ。

時がくればやがて事情も変わるだろうと、人間に対して抱いているそんな甘い考えを捨てなければならないのかもしれない。相手がいたずらに人に挑むことをやめ、他者を受け入れていかないかぎり何ひとつとして変わらないのだ。だが、こんな詐術に本人たちがいつまでもかかわりつづけているかぎり、そんな変化など起こりようもないのもまた明らかである。

第10章　相手との関係を改める

人間関係のもっとも根本的なルールは、強者がそのかかわり方をしきるということだ。一度でも攻撃された経験がある人、弱者の立場に陥った人、気持ちのうえで逃げ出した人、攻撃性パーソナリティー（もちろん潜在的攻撃性パーソナリティーの場合も）の犠牲になった人、こうした人たちが相手との力関係を好ましいものにしようとつねに躍起なのもじつはそのせいなのである。たしかに〝先制攻撃〟に先んじた者によって、当初の人間関係は定まると見ていいだろう。

一段劣る立場では、相手と首尾よく渡り合えるものではない。潜在的攻撃性パーソナリティーはもちろん、攻撃性パーソナリティーに押し切られるのを避けたいのであれば、相手とのかかわり方はただちに見直さなくてはならない。生きることに伴う闘いが公平な戦場でまちがいなく行われるには、講じておかなくてはならない点がいくつかあるが、犠牲者になるのを避ける方法は次のとおりだ。

◆人間の本性や行動に関して、危険を招くような誤解から自由になる。
◆相手の性格を正しく評価できる方法を知る。
◆自己認識力を高める。自分の性格のうち、つけこまれやすい弱点となる部分についてはきちんと把握しておく。
◆相手がどのような手口で操作しようとしているか、そのかけひきの手口を見極め、それにふさわしい方法で対応する。
◆負けが避けられない争いには手を出さない。

以上の指針に従えば、攻撃性あるいは潜在的攻撃性パーソナリティーがどんな策略を駆使してきても、その関係において支配される側や受け身に立つことはないだろう。

危険な誤解から自由になる

潜在的攻撃性パーソナリティーは人の目をくらます方法にたいてい通じているので、人をあざむく行為では助けを必要としていない。だが、なんどかふれたように、こちらが抱く古くからの人間観が災いして、相手につけこまれたり、また搾取を受けたりしている。とくに致命的な誤解は、人間は基本的にみな同じだという思い込みだ。この誤解が広まったのは、伝統的な精神分析の理論、とくに神経症に関する理論と、人間には多かれ少なかれ神経症的な傾向があるという前提が影響しているのだが、それだけに、パーソナリティー障害というものが、ありがちな神経症とはまったく別のものだと念頭においておくのはきわめて重要だ。

前述したように、パーソナリティー障害を病む者は、言動はもちろん、その発想においても神経症とは異なることが長年の研究でも明らかになっている。一般的なパーソナリティーと比べても、攻撃性パーソナリティーには著しいちがいが認められ、彼らとは世界観も行動規範も共有することはできない。同じ事件を経験しても、同質の影響を受けることもなければ、同じような思いを抱くこともない。多くの人がなぜ、どうしてそんな行動を示すのか、それについてわれわれは多くのことを教えられてきたが、攻撃性パーソナリティーの持ち主にはそれがまったく当てはまらないのだ。

人格をさらに正確に判断する

被害を確実に免れるため、相手の人格については、攻撃性パーソナリティーと潜在的攻撃性パーソナリティーの特徴という点からチェックしておく必要があるだろう。相手の基本的な性格を判断するのが目的だから、クリニックで行われるような緻密な分析はかならずしも必要とはしない。

本書のタイトル（原題『ヒツジの皮をまとう者』）が由来している聖書の『マタイ伝』

のなかに記された寓話で、「あなたがたが果実を見て木を見わけるように、そのふるまいによって人を見わけることができるのです」（あるいは「もし、アヒルのように歩き、アヒルのように鳴くのなら」）とイエスが説いているように、普段その人物がどのように人とかかわっているのか、その付き合い方から好戦的な性格、あるいは潜在的攻撃性パーソナリティーかどうかを明らかにすることができるのだ。

相手を押しのけて自分を押し通す、つねに〝勝利〟を考えている、優位な地位にかならず立とうとする、「ノー」という返事を断固として受け付けないなど――自分が関係する相手にこうした特徴がうかがえるようなら、おそらく自分はいま攻撃性パーソナリティーと呼ばれるタイプを相手にしているのだと確信することができるのだ。

単刀直入の質問にきちんと答えるのもまれな人、悪意に満ちた行為を犯しながら言い訳に勝る人、こちらの罪悪感を刺激してばかりの人、相手を守勢に立たせるためなら手段を選ばず、自分の思いどおりにしようとする人――たとえ、これら以外のどんな特徴がその人物からうかがえても、自分はまさにいま潜在的攻撃性パーソナリティーを相手にしているのだと確実にそう判断することができるのだ。

自分の性格を熟知する

いずれのマニピュレーターも切り札としているのが、犠牲者がどのような性格かという知識で、自分の戦術に相手がどう反応するかを彼らは知り尽くしている。この犠牲者なら、疑わしきは罰せずで、こちらの言い訳を信じ、邪悪な所業だと犯人扱いすることに二の足を踏むにちがいない。

どれほど良心的な人間であるのかも値踏みして、相手をたじろがすには、罪悪感と羞恥心を刺激するのがどれだけ効果的なのかも知っている。概して言えるのは、マニピュレーターたちは、犠牲者の特徴や弱点をじっくりと時間をかけて調べ上げているということだ。

彼らが相手の人となりに熟知していることを強みとしているのなら、こちらとしては自分の性格を見つめ直し、弱点克服に努めることによって相手と互角に渡り合える力をさらに高めていくのが理にかなった唯一の手段だ。自分の性格を検討する際には次のポイントから調べておく必要がある。

①過剰にナイーブである

実生活において対人操作を受けていると気づきながらも、狡猾で悪質、しかも冷酷な人間が実在するという考えをどうしても受け入れることができない。古典的な精神医学でいう〝神経症的〟な「否認」を信じている傾向がうかがえるかもしれない。相手の本性が狡猾で悪質だという証拠をどれほど見せつけられても、こうした考えを認めることは拒んでしまう。なんども痛い思いをしたうえでいやいやながら現実を受け入れる。

②過剰に良心的である

人に対してではなく、自分自身に対して厳格なタイプではないかどうか考えてほしい。マニピュレーターかもしれない相手に、疑わしきは罰せずとばかりに、みすみす墓穴を掘ってしまうタイプではないだろうか。傷つけられても、相手の立場を斟酌《しんしゃく》するばかりで、相手の攻撃で守勢に追い込まれても、原因はこちらにあると自分を責めてしまう。

③自信に乏しい

自分に対する確信が明らかに欠けており、当然の欲求や要求についてさえ自己主張する権利がはたして自分にあるのだろうかと、つねに不安を抱いているタイプ。人と対峙して、手際よく問題解決を図る能力に対する自信が乏しいのかもしれない。このタイプの人が好戦的な人物に挑まれてしまうと、自己主張を早々に放棄して防戦一方にまわっていく。

④理詰めでものごとを考えすぎる

過剰なほど理詰めで考えるタイプではないだろうか。相手が攻撃的な行動におよぶのは、それなりにもっともな理由があるからと考えているのなら、それは自分自身をあざむくことにもなりかねない。相手がなぜこんな真似をするのか、理由という理由を明らかにして、それさえわかれば状況を一変させるには十分だと信じ込んでいる。

考えに考えたあげく、たまたま納得する理由に思いいたることもあるかもしれないが、たいていは何が起こっているのか理解しようと気をとられるあまり、誰かが自分に攻撃を加えて優位な地位を得ようとしている事実にさえ気がつかない。本来ならこちらの態勢を整え、力を養うために必要な時間とエネルギーをむざむざと浪費しているということを忘れている。

あまりにも理屈で考える人は、この世には過剰なほど好戦的な人間、狡猾な闘い方にたけた人間がいて、ただ自分の欲望を満たすためだけに人を攻撃するという、こんな簡単な理屈をどうしても受け入れることができないのである。

⑤依存感情

服従的で、ひとり主体的に行動することに恐怖を感じてはいないだろうか。こういうタイプは、自信に満ちあふれる者、独立心旺盛な者、相手の好戦的な性格に最初から引かれているのかもしれない。関係が深まるにつれ、逆らって見捨てられるのを恐れるあまり、相手の言いなりになっている可能性がある。精神的に依存する度合いが深まれば深まるほど、いよいよ攻撃を招きやすくなり、いいように支配されて相手に操られていくのだ。

現在、マニピュレーターとはとくにかかわりはないにしても、自分のこうした性格上の欠点については把握しておいたほうがいいし、欠点克服に向けて努力することは意味のある試みだ。すでにマニピュレーターとなんらかのかかわりがあるのなら、こうした対策を講じないままでは、被害を受けるリスクはきわめて高くなってしまう。

展開を読んで手を打っていく

優位になるためなら、相手はどんな手段を講じることも辞さないとはじめからそう考えておくといい。先述したその手口についても覚えておく必要がある。ゆめゆめ気を許してはならず、相手の言うことには細大漏らさず耳をかたむけなくてはならない。手口にも警戒を欠かさず、それと気がついたらただちにその策略を見極めなければならない。

相手がどんなかけひきに出てきてもいいように、頭に叩き込んでおく基本のルールがある。それはいずれの策略にも動揺してはならないということだ。相手はなんらかの目的で、こちらに攻撃をしかけているのだと改めて肝に銘じる。そして、正しいと思える当然の要求と欲求にのみしたがって応対する。相手の言動に本能的に身構えたり、受身にまわったりしてはならない。たじろがずに自己主張をしなくてはならないのだ。

最近、ある母親がこんなことを口にしていた。学校に通う息子のあまりのいい加減ぶりに相応の責任を負わせようとしたが、いいように息子にあしらわれて、本当に自分が愚かに思えてしかたがないと言うのだ。

息子が「もう我慢できない」「学校なんてやめてやる」（犠牲者を演じながら暗に母親を威嚇）と口にしたとき、母親はこう考えた。「この子は思っている以上に傷ついていて、このままでは私がもっと問題をこじらせてしまうかもしれない。私が原因なのかもしれない。ここはひとまず口を出さないほうがいいのかもしれない」。だが、この母親は次のように考えはしなかった。

「この子はいま、自分の好き勝手のために私に挑んでいるのだ。自分こそ傷ついているというふりをして、母親の私を混乱させようとしている」

負け試合には手を出さない

マニピュレーターに頻繁に翻弄された人には、混乱してやり場のない思いにとらわれ、気持ちが落ち込んでしまった結果、明晰にものを考えることができず、合理的にふるまえないという傾向が現れる。こうした人たちが経験する気分の落ち込みとは、いわゆるうつ状態を招くのと同じ行動様式が、結果的にこんな気分の落ち込みをもたらしているように私には思えるのだ。絶対に勝てない闘いで、勝つことにこだわればかならず直面する無力感と絶望、その思いが原因となってうつ状態に陥ってしまったのである。

犠牲者たちが挑みつづけた〝勝ち目のない闘い〟とは、自分を操作しようとする相手をなんとかして変えようとする試みだ。犠牲者は、相手の言動を変えるには、自分は何を言い、何を行えばいいのか、それがつねに頭にこびりついてはなれないという罠にとらわれていた。何か変化を起こそうと非常なエネルギーを費やしても、犠牲者はもともとそんな力をもちあわせていない。

負けが逃れられない闘いの果てに、やがて避けようのない怒りがこみ上げる。欲求不満が募り、絶望が頭をもたげ、そしてうつ状態に陥っていく。ひとたびこうした状態になると、犠牲者は心の安定を失い、自分を律していた気力さえなくしてしまう。

自分の得意にエネルギーをそそげ

攻撃性パーソナリティー、潜在的攻撃性パーソナリティー（どのようなパーソナリティーにも言えるのだが）との衝突ではかれるなんらかの進展は、自分の力を確実に発揮できるところ、つまり自分自身の言動に時間とエネルギーが積極的に投じられたときに限ってもたらすことができる。また、成功体験がかならず期待できることに関係しているので、気分は高揚して自信さえ高まっていく。自信と気力が高まるほど、抱え込んでいる問題についても打開できるチャンスが広がる。

ただ、マニピュレーターとの関係を正すため、被害者がどうして自分の行動パターンを変えるという面倒を負うのだと考える人は、こうした発想をなかなか受け入れることはできない。相手との関係で十分に苦しんだ人は精神的にへとへとになり、相手に対する怒りも尋常ではない。それだけに、変わるべきは自分だという考えを素直に受け入れられないだろう。変わるべく努力するのは向こうであり、犯した不正な行為に対する当然の報いを受けてほしいと望んでいるのだ。

だが、小さな勝利とはいえ、相手に対してより効果的な方法で応じたことで得た経験によってのみ、自分が絶対的な力を駆使できる分野に――つまり、自分がどうふるまえるか――全力を投じるという、この原理のすばらしさが評価できるようになっていく。

潜在的攻撃性パーソナリティーを相手に、どのように自分が向きあうかは決して容易なことではないが、そこにもいくつか原則というものがあり、その原則にしたがうなら彼らとの関係においてずいぶん負担を軽減させることができる。この原則を自己強化のツールと私が見なすのは、こうしたツールによって、対人関係において誰もが一段と強い立場を維持していけるからなのである。

〈言い訳を聞き入れない〉

攻撃行動や攻撃性を潜在的に秘めた行為、あるいはいかなる不適切な行動について、相手がどのような理由（いわゆる合理化）を口にしてもそれに耳を貸してはいけない。その行動がまちがいやあるいは害をおよぼすものなら、どんな理屈にかなっていてもそれはやはり不適切な行為なのだ。手段を正当化する目的など存在しない。相手の説明がどれほど合理的に思えても聞き入れてはならないのだ。

相手がそんな言い訳を口にするのは、いまの支配的な立場にとどまることに固執しているからだが、そんな立場にとどまろうとすること自体がそもそも誤りであるのを覚えていてほしい。言い訳を口にしたその瞬間、相手は人としての原理原則にしたがうことを拒み、自分にとって好都合なものの見方にこちらを取り込もうとしている。原理原則を拒絶するまさにその理由によって、彼らが再び同じ問題行動を起こすのだとはっきり知ることができるのである。

相手の言い訳をひとたび拒むことができれば、その不適切な行動にきちんと向き合えるようになり、犯した行為も正しく分類できるようになる。相手に対しては、こちらを説得する権利は尊重するが、その言い訳を聞く耳はいっさいもたず、聞いたからといって自分の考えを変えるつもりはないと知らしめることができる。これによって、問題となっている行為について、まったく容認するつもりがないことを相手にはっきりと伝えられる。

マリーとジョーの例では、娘に対する夫の要求があまりにも過大すぎることが問題だとマリーは信じていた。だが、マリーはジョーの合理化に取り込まれ、さらに罪悪感と羞恥心を巧妙に刺激され、夫に対して面と向かってそれを言うことができなかった。だが、ついに夫に立ち向かう自信を得たときマリーはジョーに対してこんな言葉を口にしている。

「リサに対してあなたはあまりにも求めすぎだし、私には正気の沙汰とも思えない。このまま変えるつもりがなければ、私はもうあなたのことを何もサポートしない。あなたにはあなたなりの理由があってそうしているのだと言うけど、そんなことは私にはもうどうでもいい。私に言わせれば、あなたはやりすぎたわ」

夫のかたくなで無慈悲なふるまいから目をそらさず、夫の言動は好戦的で有害なものだとマリーは正しくそう分類した。夫の〝説明〟など見当ちがいもはなはだしいと一蹴することで、ようやくマリーは夫の不適切なふるまいから目をそらさないことができた。問題をクリアに見定め、合理化という夫の策略に惑わされないことで、マリーは自分の立場から自信をもって主張できるようになっていた。

〈意図ではなく行動で判断する〉

相手がなぜこんな行為におよぶのか、それに対して〝深読み〟をしたり、あれこれ思いを巡らせたりしてはならない。とりわけ、それが人に危害を加える意図で行われた場合はなおさらだ。相手の真意を知ることなどできるものではないし、いずれにしろ相手のその行為はこちらにとって不適切なものでしかない。相手の思いを斟酌することにとらわれては、こちらの注意が肝心の問題からそらされてしまうので相手にはむしろ好都合なのだ。判断するなら相手の行為それ自体だ。相手の行いがなんらかの意味で問題なら、注意を向けるのはその行為であり、対処するのもその行為に対してなのである。

この原則の重要性については誇張のしようがないだろう。潜在的攻撃性パーソナリティーが使う手口として、いかに有効に自分のイメージ操作を行っているか思い返してほしい。関係する相手には自分の正体をストレートにさらけ出さない。それだけに相手の意図にもとづく勝手な思い込みによって当の相手を判断したり、あの手この手のかけひきによって相手に対する考えがぶれてしまったりしては、相手の本当の性格についてあざむかれてしまうことにもなりかねない。

相手の性格を誤りなく判断するために必要な情報とは、その行動パターンでしか得ることができない。相手がこの先どんな行為におよぶかは、相手が過去においてどのような言動をしてきたかを知ることによってのみ正確に判断することができるのだ。

ジェニーとアマンダの親子の場合、ジェニーがはじめて私のもとを訪れたときのことだが、娘が穏当を欠いた行為をくりかえすたびにジェニーは、娘がどんな考えや意図であんな真似をするのか、その理由をしきりに知りたがっていた。その傾向はアマンダが暴言を口にしたときにとくに顕著だった。ジェニーがこんなことを言っていたのを覚えている。

「あの子が大声でわめき、面と向かって私のことを嫌いだと言っても、あの子が本気で傷つけようとしているとはどうしても思えません。父親がいなくなって寂しい思いをしているし、自分の思いをぶつけられる人もいません」

この発言にいくばくかの真実を認めるにしても、潜在性と顕在性の両面で悪化していたアマンダの攻撃パターンの問題とはまったく無関係だった。それどころか母親がそんなふうに考えることで、自分がどうしても欲しいものを得るためには、相手を精神的に恫喝して、服従させてもいいというアマンダの考えをうかつにも強化さえしていたのだ。

さらに言えば、ジェニーが自分の思い込みにしたがい、娘の内心にばかり注意を向けていたことで、娘が自分に攻撃を加えているという事実にただちに気がつけなかった。相手のかけひきに潜む攻撃性を見落としてしまえば、まちがいなく相手の思うままになってしまう。ジェニー親子も最後には、母親が考えていた問題に親子ふたりして向き合いながら取り組めるようになった。しかし、それはこれまで野放しにされていたアマンダの攻撃パターンがきちんとコントロールされることでようやく可能になったのである。

〈個人的な限界を設ける〉

対人関係で自分の力をさらに高めていくには、自分の言動についてふたつの限界を設けておくことがどうしても必要になってくる。第一に、相手の行為に対して、どの程度までなら許容でき、それを超えたら反駁《はんばく》するとか、関係を清算するなどと決めておく。第二に、自分自身をもっと大切にするため、どんな行動がとれるのか、それを意志と可能性の両面から決めておかなければならない。

ジェーンとジェームズの例では、家庭をないがしろにする夫に対し、ジェーンはこれ以上我慢できないとなんども伝えようとしたが、実際にはできないままでいた。ジェーンの場合、夫の行為に対して妥当な限界を設けなかったばかりか、自分自身にさえ限界を設けていなかった。だから、ジェーンは際限のない負担を強いる家庭問題に対し、自分がどこまでかかわりつづけていけばいいのか、その限界を見極められなかった。

夫のこと、家庭のことについて、ジェーンは最終的に一線を設けることができた。また運命の助けか、以前の閑職に戻ったジェームズに対してジェーンは改めてこう告げた。夫として父親として、ジェームズがきちんと自分の役割を果たさなければ、今後教会のなかで出世を望んでも、自分はまったくサポートしない。さらに次の点もはっきりさせた。それは夫にいいように操られ、結婚生活や家庭の問題を押しつけられたが、こうした問題をひとりで負わされるようなことは金輪際ご免こうむるということだった。

〈はっきりと要求する〉

頼みごとをするときは、自分が何を望んでいるのかはっきりと相手に伝える。かならず「私は」と語るようにして、曖昧な言い方を避ける。自分が嫌いなこと、望んでいること、他人にこうしてほしいことは具体的に伝わるように心がける。「私は○○○してほしい」「これ以上私に対して○○○するのはやめてほしい」と明確に伝える。

ジャニスとビルの場合、ジャニスが望んだのはしばらくひとりになり、自分の結婚生活を見直してみることだった。だが、ジャニスは夫のビルに自分の思いを正確に語ろうとはしなかった。望めるなら、次のように話すべきだったのである。

「四週間だけひとりになってみたい。その間は電話もやめてほしい。もし、緊急の用件があるのなら実家に電話をしてほしい」

自分の希望をダイレクトに、そして具体的に相手に伝えることには次の効果が期待できる。

第一に、相手にそう伝えることによって、自分が何を望み、どうしてほしいのかについて相手から曲解される（あるいは意図的に誤解される）余地を減らすことができること。

第二に、ダイレクトで具体的なこちらの要求に対して、相手からもダイレクトで具体的な応答がない場合、こちらに対して攻撃の最中だとか、協力を拒んでいる、あるいはなんらかの妨害をたくらんでいると知ることができるのだ。次にどんな手を打てばいいのか、それを考えるための貴重な手がかりになってくれる。

〈ダイレクトな返事だけを受け入れる〉

ひとたびダイレクトで誤解のない要求を告げたら、相手に対してもダイレクトで誤解のない返事をするよう要求をしていく。相手の返事がなければ改めてもう一度尋ねる。その際、けんか腰や威嚇するような調子ではなく、これは自分にとって重要な問題であり、ただちに対処する必要があるのだと敬意をもって相手に主張する。

ドンとアルの例で見るのなら、ドンがアルから聞きたかったのは噂の確認である。会社が新人を採用するそうだが、自分の仕事は取られてしまうのではないのか。だが、ドンは自分にかかわるこの問題について、ダイレクトかつ具体的に問いただそうともせず、アルに対しては単刀直入に返事を求めようともしなかった。ドンがアルに向かって新人の入社の件についてストレートに尋ねていたとしよう。そのとき、「イエス」「ノー」以外の返事が返ってくるようであれば、それはなんらかの理由でアルがこの問題の直答を避けているシグナルともなるのだ。

率直で的を射た質問には、たいていの場合、単刀直入に返事が返ってくるものなのだ。もし、そうした問いかけに対して、相手の返答が極端に長かったり、逆に極端に言葉が少なかったりした場合、あるいは問いとはまったく無関係の内容に話がおよぶ場合は、相手はこちらに対し、少なくともなんらかのかけひきをしかけているのだと考えられる。

〈集中力を保って目の前の問題を考える〉

目の前のいまの問題に集中する。相手はこちらを攪乱《かくらん》させようと、おそらく「話題転換」や「はぐらかし」といった策略で応じてくるだろう。こうしたかけひきに手もなく乗り、直面している相手の問題行為から目をそらしてはならない。相手がどんなかけひきをくりだしてきても、つねに集中力を持続させることに努めなければならない。

過去の問題を引き合いに出したり、将来を想定したりするのではなく、現前の問題に注意を集中させるのだ。これはきわめて重要である。相手を変えようとするのであれば、いまここで変わらなければ、どんな変化も二度と起きるものではない。なんらかの変化が相手に見られても、それはあまり長くは続かない変化かもしれない。古い習慣とはそれほどしぶといものなのだ。だから、相手の行動をこれまでとはちがったものにしたいのならば、まさにそう考えたいまの問題に思いを集中しなくてはならない。いずれ別の機会に別の場所でなどという、相手の話題転換に気を許してはいけない。

親に対する言葉づかいのことでジェーンが娘のアマンダに問いただしたことがあった。このときアマンダは、自分こそついこの前、母親に意地悪されたと、そんな話をすぐさまもちだした。ジェニーはなんの話か理解できず、娘の文句に何か関係しているだろうといつものように思いちがいをしていたが、話はやがて本来のテーマを離れ、娘を怒らせたという意地悪の件に脱線していった。ジェニーが気がついたときには、娘の乱暴な言葉づかいについて話し合おうとしていたことなど本人の頭からすっかり抜け落ちていた。

しかし、やがてジェニーにも娘ときちんと向かい合えるときがきた。アマンダが不適切な言葉づかいをしたまさにその瞬間、ジェニーは娘を問いただしたのだ。問題が解決するまでその集中力はぶれることもなかった。あるとき、アマンダが母親にたてをつくような言い方をしたときのことだった。すかさずジェニーはこう答えていた。

「アマンダ、もしそんな調子で話すのをやめるつもりがないなら、私もあなたとはこれ以上口をきくつもりはないわよ」

「何を言っているの。私はきちんとした話し方をしているじゃない」

娘はそう言い張ったが、その顔には傷ついたようすがありありと浮かんでいた。今度は被害者役をアマンダは演じ始めていたのだ。だが、これに対してジェニーは、私もはじめて目にするようなきわめて力強いようすでこう言い返していた。

「ちょっと席を外すことにするわ。しばらくしたら戻ってくるけど、そのときにはもっときちんと私と話し合うことはできるのかしら」

アマンダは十分すぎるほどの反省時間を受け入れるしかなかった。母親が再び部屋に現れたときその口調はずいぶんちゃんとしたものに変わっていた。

パーソナリティー障害の患者と対峙するとき、いま目の前の問題に集中する重要性についてその最たる点を指摘するなら、彼らの言動が正真正銘の変化を迎えるのは、他人からその戦術を正面切って指摘されたまさにその瞬間にほかならないということである。

彼らの人を操作しようという普段の言動や口実、あるいは責任逃れについて、もしも誰かが教え諭して、社会と積極的にかかわっていく生き方もあることをきちんと示すことができれば、彼らもよりよき方向に変わっていけるのかもしれない。口約束だけでは意味はないのだ。希望的観測を抱いても愚の骨頂にすぎない。相手と正面を切って向き合って（それも一度きりというわけではなく）、自分の歩む道を変えようという意志を感じさせないかぎり、こうした状況に変化が生じる希望を見出せはしないのである。

〈相手を問いただすときには責任を突きつける〉

心にとめておく一番の対応策がこれかもしれない。相手（どのパーソナリティー障害についても言えるが）の不適切な行為を問いただすのなら、こちらに責任を転嫁するいかなる策を弄してこようとも、相手が害を加えようとした言動そのものに注意を集中させなければならない。

非難や責任を転嫁する相手の思惑など聞き入れてはならず、誤った行為を正すために何をするのか相手に要求しつづける。相手のどんな合理化にも耳を貸さず、話題をそらそうとする手口にも乗ってはいけない。過ちを犯せば、それを変えるための重荷は当の本人が負わなければならない。相手に対する憎しみや怒り、うしろめたさなどを感じる必要はないだろう。相手の言動がそれによってどう変化するか、ただそれに関して注意を集中させる。

ジェーンの場合、彼女は家庭を顧みない夫ジェームズに直接問いただすこともできたのだ。「ジェームズ、どうしても聞いておくことがあるの。自分の出世と家族に負った義務に対して、あなたはどうやって両立させるつもりなの」。こんなぐあいに確かめてもよかったのだ。

それでもジェームズがこの問題を避けたり、あるいは得意の策略でうやむやにしようとしたりするのであれば、ただちに問題を蒸し返し、夫はこの問題にどう対処するつもりなのか、その言質《げんち》をとることに神経を集中させるべきだったのである。

〈あざけりや憎しみ、露骨な非難は避ける〉

攻撃性パーソナリティーは、攻撃をしかける口実探しにつねに余念がない。自分に向けられたいかなる敵意も〝攻撃〟だと受けとめ、それに応戦することは正しいことであるとさえ感じている。また、性格について非難を受けると、否認や選択的不注意、他罰というお得意の手口で攻撃してくる。

相手に立ち向かうことに怖じ気づく必要はないが、その際に気をつけるのは、率直に向き合おうとするあまり、攻撃的になりすぎてはいけないという点だ。問題にすべきは相手の不適切な言動だけである。いたずらに中傷したり、おとしめたりすることなく相手と立ち向かえるのは、すぐれた交渉力と言えるばかりか、マニピュレーターとの話し合いを効果的に進めるためにどうしても欠かせない技術でもある。

〈脅迫するような真似は避ける〉

説得することで相手に変化をうながすのではなく、脅すことによってその言動を変えようとしていないだろうか。脅すような行為は決してしてはならず、きちんとした行動をとらなくてはならない。攻撃に対して攻撃で応じてはならないのだ。自分を守るために本当に必要なこと、自分の要求をなしとげるために本当に必要なことだけに専念すればいい。

ジャニスの場合、夫のビルに対してなんども別れると脅していた。ジャニスがこんな真似をしたのは、家を出るというよりも、別れると夫を〝脅せば〟、さすがの夫もたじろいでその言動を改めてくれるのではないかと考えたからだった。

しかし、ビルはこうした威嚇の手口を予想するようになり、相手の真意がどの程度かと値踏みするようになっていく。そして、自分が本当に脅されていると感じたとき、ビルも脅しに対しては脅しで応じるようになっていった。しかも、ビル特有の陰険で巧妙な方法で妻を脅すようになっていたのだ。これまでにない真剣さでジャニスが家を出ると言い張ったとき、ビルは自殺という〝脅迫〟でジャニスの脅迫に応じようとしていた。結局、脅しの激しさではるかに勝るビルの手口にジャニスも降参するほかなかった。

〈行動は素早く起こす〉

山の斜面を下るブレーキの壊れた列車は、下り始めたその瞬間がもっとも容易にとめることができるポイントだ。ひとたび勢いがついてしまうと、どんなに効果的な対応も手遅れになってしまう。同じことが攻撃性パーソナリティーにも言えるだろう。彼らには心のブレーキが欠落している。目的に向かってひとたびわれを忘れると、彼らをとめることは並たいていのことではない。

うまく立ち向かうのであれば、相手の機先を制するか、あるいはなんらかのショックを与え、それから相手の攻撃の最初の兆候がうかがえた時点で行動を始める。相手の攻撃が始まったと感じた瞬間にそれと正対するのだ。素早く行動して劣勢に立つのを避け、相手とのパワーバランスを好ましい状態にする。一方的に踏みにじられることもなく、しかも相手には自分はひと筋縄ではいかないという印象を与えることができる。

〈自分の考えを話す〉

マニピュレーターを相手にするときは、「私は」という主語ではっきりと語るようにして、ほかの人間の意見を代弁しようなどと考えないほうがいい。さらに自分以外の人間を〝盾〟として使うのは、自分が気おくれしている事実をみすみす白状するようなものである。自分の〝敵対者〟には一対一を基本に立ち向かわなくてはならない。自分の権利を守るため、正々堂々と相手に立ち向かう勇気をもつことが大切だ。

ジェームズの妻ジェーンは、聖職者の夫に助けを求めようとした際、自分のためと頼むより、子どものために夫の支えが必要だと懇願するほうが気は楽だった。だが、子どもを〝盾〟としたことによって、夫に対して自分は毅然とした態度をとることができないというメッセージを同時に送っていた。妻の罪悪感と羞恥心を刺激することによって意のままに操作できるとジェームズが知ったのは、妻が自己主張におよび腰になっている事実に気がついたからだった。

〈妥当な合意を結ぶ〉

双方の意見を合意させる場合、内容が適切で信頼でき、嘘ではないと立証できるばかりか、かならず成就させるという強制力をもつものでなければならない。自分も約束をなしとげる覚悟を決めると同時に、同意を交わす相手もまたその約束は完遂するものだと見なさなければならない。できもしない同意は交わしてはならない。自分自身でさえ実現不可能だと考えるものを求めていないか、そして相手がこちらをあざむくことはないかを確かめておかなくてはならない。

どのようなタイプであれ、攻撃性パーソナリティーを相手に交渉をするなら、その場合、双方にメリットをもたらす〈ウイン-ウイン〉の提案にできるだけもちこむように試みることだ。これはきわめて重要で、前向きな発想やこの方法特有の考え方が必要とされる。[*27] 私の経験では、〈ウイン-ウイン〉という方法は、おそらく攻撃性パーソナリティーを建設的な方向に向けて自己を鍛え直させる、唯一にしてもっとも効果的な手段である。この方法を用いることで、このタイプ特有の勝利に対する執着心を正す方向に向けていけるのだ。

攻撃性パーソナリティーの視点からすれば、彼らが他者とかかわることが可能なパターンはわずか四つしかない。ひとつは、向こうが勝ちをおさめてこちらは負け。これが彼らにはもっとも望ましい展開だ。二番目はこちらが勝利して負けは向こう。彼らにとっては断じて許しがたい展開であり、こちらの勝利を阻止するために相手は死にものぐるいで攻撃をしかけてくる。

三番目が双方ともに負けの状態だ。敗北を毛嫌いする攻撃性パーソナリティーは、自分の負けがもはや避けられないとわかると、こちらを道連れにするため必死になって足を引っ張る。おぞましい話だが、人を殺して最後に自分の命を絶つような過剰に緊迫した人間関係では、その本質に攻撃性パーソナリティーのこうした特性がかかわっている。そして、四番目が彼らも勝利し、こちらも勝利するというパターン。〝勝利は自分、向こうは負け〟が望みの彼らには決して最上の結果ではないが、次善の選択としてそれでも十分に受け入れられる展開ではある。

好戦的な性格の持ち主は、敗北を回避するためならどんな手も辞さないことを肝に銘じておいてほしい。したがって、彼らがなんらかの興味を示しそうなかけひきについて、その取引条件をこちらがある程度しきることができれば、すでに事の半分以上はなしとげたのも同じなのである。めざす出口はそれぞれ異なっても、双方に利益をもたらす方法を可能なかぎり多く見つけ出し、相手に提案していくことだ。それができれば、攻撃性パーソナリティーや潜在的攻撃性パーソナリティーとの関係をはるかに軋轢の少ないものに変えていくことができるだろう。

さきほどのジェーンの例にしても、彼女は次のように言って夫を説得することもできたかもしれない。

「あなたにとって長老会のポストがどれほど大切なのかは私も知っている。でも、それでもあなたには家のことに時間を割《さ》いてほしいし、精神的な面でも家族の支えになってほしい。もし、週末はきちんと休みをとって、週に二日は家族といっしょに夜を過ごしてくれるのなら、私もあなたのために力は惜しまない」

典型的な潜在的攻撃性パーソナリティーとして、自分の望みがかなえられるチャンスをどうすれば高められるか、ジェームズはその計算にいつも余念がない。こんな申し出なら、ジェーンも自分の要求を満たしつつ、夫の願いをかなえる方法を提案することができるだろう。

〈相手の反撃に備える〉

勝者であることに潜在的攻撃性パーソナリティーがどれだけ固執しているかはつねに念頭においたほうがいい。何かの理由で彼らが負けを意識したとき、失地の回復を図り、自分の正当性を主張しようとなんらかの行動に打って出てくる可能性があるからだ。その場合に備え、自分を守るために適切な準備をしておくことはとても大切だ。

対策として、はじめからこうした反撃を見込んで(時には予言めくが)準備しておくのもひとつの方法だ。相手に何ができ、どうやるかを妥当な線であらかじめ予想しておくのだ。メアリー・ジェーンの場合も自分の転職が知れれば、ジャクソンはまともな推薦状など書いてくれるわけはないと予想できた。予想がつけば予防策は講じられ、公的機関への苦情を内々のうちに提出するという手段も選べる。同僚から証言を引き出すこともできなくはないだろう。職歴を問わない一時雇いの会社が見つかれば、彼女の計画に気がついた相手が解雇という〝先制攻撃〟をしかけてきてもそれに備えることができる。

強力な支援システムを活用するという別の対応策もある。寄らば大樹の陰なのだ。何をするのか見当はつかないとはいえ、ジャニスも夫のビルが自分を引き戻すためならなんらかの手は打つことぐらいは容易に想像できたはずだ。「アル・アノンの会」など、アルコール依存患者の家族会をはじめ、こうした支援組織に相談すれば、強力なサポートを得ることもできた。ジャニス自身、精神的に大きな支えを得られ、ビルがどんなに巧妙に妻の罪悪感を刺激し、つぎつぎと策略をくりだしてきても、それに耐えるだけの強さを彼女も身につけていたかもしれない。

〈みずからに対して正直であれ〉

生きる指針を知り、それをみずからの課題としてわがものとする。どのような状況においても、自分が本当に欲するもの、本当に求めているものを自覚していたい。マニピュレーターのたくらみに無頓着であることはすでに十分危険な状態であるが、自分の欲求や願望まであざむいていては二重の危険に陥ることにもなりかねない。

ジャニスとビルの場合、ジャニスが一番に望んでいたのは、自分が評価されているという実感であり、尊敬されているという思いだった。こうした思いがジャニスを前につき動かしていた。その自尊心がまったくと言っていいほど抱けなくなったとき、ジャニスは人の称賛を得ることでその思いを満たしていた。だからビルは、自分にも子どもにも母親がどうしても必要だと言葉にさえすれば、ジャニスを簡単に操作して、支配することができた。ビルは使い慣れた楽器のようにジャニスを扱っていた。称賛という〝音符〟をビルがつま弾けば、どんな曲でもジャニスは奏でてくれた。

セラピーを通して、ジャニスもまた自分がいかに称賛を欲していたのかを自覚していった。そして、他者の称賛、とりわけ夫の称賛を絶えず求めつづけた結果、ジャニスは自尊心をはぐくむ機会をみずから拒んでいたことに気がついていく。夫の称賛を得るため、あるいは得つづけるためにジャニスはなんでもやってきたが、たいていの場合、その称賛はその場かぎりのものであり、彼女の思いを満たしつづけるものではなかった。

夫の不倫に気づいたときジャニスは家を出た。だが、それでも家族のもとに戻ったのは、自分よりも大切な人間はほかにいない、もっとこちらに気持ちを向けてくれるのなら、もう二度とほかの女に走ることもないとビルがそう口にしてくれたからだった。ジャニス本人が大学を卒業前に断念したのは、育ち盛りの子どもの面倒もあり、必要なのは終日家にいてくれる妻であり、家事をきちんと切り盛りできる妻だとビルにそう言われたからだった。

セラピーも終わりを迎えるころには、ジャニス自身、みずからの言動が自滅に向かう悪循環に陥っていたことに気がついた。自己嫌悪を抱きながら家族のために尽くしても、自分を認めてほしいという思いは募る一方だった。そんなジャニスに対し、自分の願いを聞き入れてくれるたびに称賛を与えるふりをしてきたビルだが、ビルは妻のそうした欲求を敏感に感じ取り、何年にもわたって妻を思いのままに操っていた。ジャニスもようやくその事実を認めることができた。

自信に満ちて生きる

マニピュレーターを相手に、彼らと効果的に対応するルールのすべてを理解し、それにしたがったとしても、これで彼らとの生活が一転して楽になるというわけではない。

だが、こうしたルールにしたがってもらえるなら、その生活はより彼らを許容できるものに変えることができるだろう。相手が何者であるか、何をしでかすか、そして自分の力を高める方法などについて意識を高く保つことができるなら、彼らの被害に陥る機会もおのずと減らしていくことができるのだ。

次に紹介する話は、十数年におよぶ過酷な結婚生活ののち、人生を好転させる勇気とその手段の両方を手に入れた女性の例である。

ヘレンの物語

自分でもどうしてこんな話を人にしたくなったのかは、はっきりとわからない。考えに考えたあげくのことだ。だが、話そうと心に決めながら、ヘレンは自分の考えに誤りはないかをきちんと確かめておく必要も感じていた。正しい道を選んだというなんらかの〝お墨つき〟も欲しかった。

ヘレンは一五年連れ添った夫のマットと別居したと私に教えてくれた。それも計画のうちだったと言う。別れて暮らし、毎日のようにくりかえされる夫の〝干渉〟に煩うことなく自分の目的をめざしていくつもりだ。夫とはしばらく連絡を取りつづける。あの人が今度こそ本気になって自分を変えようとしてくれるのなら、まだ縁を切るつもりはない。だがそうでなければ、本当のお別れだ。マットが本当に変われるかどうか、今度は十分な時間をかけて見届けることができるだろう。

「あの人が本当に変わるかどうかは私にもはっきりとわかりません。ただ、私はもう大丈夫です。自分がどうふるまえばいいか、それをコントロールする力を覚えたし、夫がいっしょにいようといまいと、これまでとはちがった生き方ができると思います。たとえば——」

そしてヘレンはこう言葉をつづけた。

「夫が私を操ろうとしても、いまならそれとわかるようになりましたから、自分で必要があると思ったら、もう一歩も引くつもりはありません。やましさを押しつけられるのはもうご免だし、当てこすりや威嚇に脅えるつもりもありません。もし、そんな私が何か途中でやめることがあれば、それは私がそう望んだことであって、屈服したからではありません」

妻を翻意させるため、夫がどんな手を使ったのか彼女は隠さずに話してくれた。

「最初は、私のうしろめたさをあおって、一五年の歳月を無駄にするつもりかとか、結婚の誓いを反古にする覚悟はできているのだなと言っていました。その次は、恥を知れとばかりに、知人や家族、近所の人がなんと言うかわかっているのかと問い詰めてきました。でも、すごかったのは、自分こそ被害者だとあの人がそんなようすを見せたときで、私が口出しばかりをしてあの人を〝虐げていた〟と言いくるめようとしていました」

「しかし、もうそんな話に耳は貸しません。マットがあの手この手を使っても、『あなたのねらいはわかっているし、もうそんな手に乗るつもりはない』と答えていました」

微笑みながらもはっきりと語るヘレンに対し、私はふたりで打ち合わせた対応策のうち、どれがもっとも効果があり、彼女に力になってくれたのかを尋ねていた。

「もっぱらふたつの方法でした。ひとつは自分に対して限界を設けたこと。あの人には、もしこの先もふたりでやっていくつもりなら、ここは変えなくてはならないとはっきりと告げました。それからもうひとつは、格好の〈ウイン‐ウイン〉の取引を思いついたことです。夫にこう言いました。『もし、あなたにこれまでのやり方を変えてくれるつもりがあるのなら、私は残りの人生も変わらずにあなたといっしょに暮らすつもりだ』」

「先生もご存じのように、私たち夫婦はこれまで何度となくカウンセラーのもとに足を運んできましたが、そのたびにあの人は、私のほうこそ問題だと言って途中で脱落。でも、いまではははっきりしています。変わる必要があるのはあの人、セラピーをあの人がきちんと受けてそれに専念しないかぎりは、あの人自身がこの問題を正面から受けとめることはできない」

「そう、今度こそあの人自身が自分で決めなければならない。自分が何をする必要があるのか、そして私が何を望んでいるのか、それはあの人もよく知っているはずです。私の決心がどれほどのものか、あの人はまちがいなくそれを確かめるはずです。でも、今度ばかりは私も決して譲るつもりはありません」

正々堂々と闘う

ケリーは息子のマニピュレーターぶりに手を焼いた経験をもつ中年の婦人で、親子の力関係をどうやって改善していったのかという貴重な話を教えてくれた。私も自分のセラピーのどの点がもっとも役に立ったかケリー本人に尋ねたことがある。

「一番役に立ったのは、『突破口はどこか選んで相手と闘え』と、そう教えていただいたことです。本当に大切な指摘でした。ですから、四六時中角《つの》を突き合わせなければならないなんて、もうそんなふうには考えていません。息子が私に何をしてこようが、本当に大切なのは私自身がたじろがないこと。息子はこれからも私を挑発してくると思いますが、そのたびにもう怒ることはありません。だって、どうふるまえばいいのかということには、前より自信がありますからね。でも、あの子とやりあうときにはいままでは本当に慎重になりました」

「やりこめられるとわかっていても、文句も言わなくなったし、あまり気にもしていません。放っておくようにしています。もしかしたら、あの子をコントロールできるなんてもう考えてもいないのかもしれません。ただ、私が我慢できるのはここまで、その結果は負います。けれど、あとはあの子しだいです」

息子との応酬はこれからも避けられないだろうが、しかしその闘いぶりはずいぶん変わったとケリーは話してくれた。

「いまでは息子とのやりとりももっとフェアでオープンです。私もどうしてやりあうのか、息子にはそれをはっきりと口にしていますから、向こうに謝る気などさらさらありません。あの子はあの子で挑んできますが、これまでとはちがって、またやっているなと少なくともそうわかることができるようになりました。親子のあいだで何が起きて、これからどうなるかがわかって以前とは大ちがいです」

私が治療を通してかかわった多くの人にとって、ケリーのこうした発言はまぎれもない真実だった。トラブルのさなかにある人間関係において、いま何が起きているのか、人というものはいかに頻繁に争い合い、いかにして攻撃をしかけてくるものなのか、そして、そのときどんな手段が用いられ、相手とのかけひきにはどのように対応して自分を守っていけばいいのかなど、こうした知識を得ることですべての状態に変化が訪れるのである。

エピローグ　寛容社会にはびこる攻撃性

社会環境と人間の攻撃性

私たちがもつ好戦的な傾向や言動は、人類が生まれながらに宿す邪悪な性質などではない。進化の歴史の大半で、人間のなかでもっとも力に勝る者のみが、直面する他民族の脅威を克服し、日々くりかえされる他の集団との争いを制することによって限りある資源を手にしてきた。だが、文明の黎明とともに、生存に不可欠な手段として用いられてきた攻撃性は、やがてその必要性を失っていく。とはいえ、人類の長い戦火の歴史をたどれば、人間の根源に横たわるこの本能はいまもまだ脈々と息づき、機会をとらえてはその頭をもたげようとしている。

したがって、社会を首尾よく発展させていくのなら、文化や環境にかかわる新たな仕組みを生み出すことがどうしても必要だ。人間の攻撃本能を飼い慣らし、手なずけるという厄介な試みを効果的に行う際の助けとなる。人がどのような政治環境、経済環境、文化環境で生きているかは、人間のもつ攻撃性、そしてその攻撃性をどう表出するのかという点で大きな影響を与えているのだ。

たとえば、共産主義は、個人がもつ野心や強欲（個人が抱く過剰なまでの攻撃性）から社会全体を救い出すことを唱えていたが、この制度特有の人間精神の組織的な抑圧が原因で、鳴りもの入りで始まった〝人民のシステム〟は、潜在的攻撃性パーソナリティーによって、より専制的な制度のひとつに変わり果てていった。プロレタリアートの利益を口実に、過剰なまでの権力を行使して人民はその支配下におかれた。

一方、資本主義においては、〝適者生存〟という経済的自由の名のもと、個人の富や経済的安定をめぐる日々の争いの場で、前出の擬似適合的攻撃性パーソナリティーに加え、非抑制的攻撃性の持ち主たちがぞくぞくと生み出され続けている。そればかりか、このシステムのもとでは潜在的攻撃性パーソナリティーの持ち主さえその背中を押されて、褒美さえ授けられているのだ。

自由市場で人に雇われて働く者なら、食うか食われるかの職場は、時として安全や安心とは無縁の場所だと心得ているだろう。だから、互いに力を合わせるよりも、有限な経営資源や利益、報償をめぐって社員同士で競い合うことがむしろ普通に行われているのだ。もちろん、競合が公平にそして秩序を保って行われているのなら、こうした競合も正しく機能することが少なくはないだろう。事実、社員の能力を向上させる処方箋としては、公平で厳しい競合は欠かせない要素なのである。

しかし、たいていの場合、このような競合の場では、冷酷非情な言動、足の引っ張り合いや陰口などの卑劣な行為が横行している。そして、そのようなふるまいはいずれも攻撃性パーソナリティーであることのまぎれもない特徴である。それが公平な競争なら、私自身は人が競い合うことの意義を軽んじる者ではない。だが、この手の好戦性が人の能力を高める契機になるのは、その闘いが一定のルールにしたがい、当事者の責任が明らかなもとで行われた場合にのみ可能なのだ。

フェアに闘うという高潔な心の持ち主など、絶えて少なくなったのが最近の風潮である。精神的にも倫理的にも、モラルの面においても刷新が必要だという思いが希薄なだけに、競争第一主義に反して、人々が協調する意義を提唱したほうが、自由市場ではむしろ有利な結果をもたらすことになるだろう。いまどきのものの考え方では、勝利することが過剰に奨励され、個人が自己達成や尊厳のためにどのように闘いに臨もうとしているのか、こうした点はほとんど評価されず、その結果、人が互いに競い合うことは――それがどんなに破壊的で無目的な闘いであろうと――すでにコントロールができない状態に陥っている。

アメリカンフットボールの名将、ビンス・ロンバルディはこんな言葉を残している。

「勝つことがすべてではない。それはただ勝負に勝ちをおさめただけのことなのだ」

この言葉には一個人のものの考え方のみならず、現代の平均的な考え方に対するある思いが反映されている。かつて血気さかんな青年たちにとって、プロ、アマを問わず、スポーツが彼らの好戦的エネルギーの格好のはけ口になっていた時代があった。青年はスポーツを通じ、自己の内的エネルギーを抑制して健全な方向に導いていく方法を学ぶとともに、チームワークを通じて共同体の一員という意識を養い、さらに自制心を学ぶことでみずからの性格を涵養《かんよう》していた。

最近では勝てないチームにはその試合に人も訪れず、才能豊かな選手たちの個人競技ばかりに注目が集まり、地道なチームプレーは陰に隠れてしまっている。しかも、個人的には抑制がきかないので、ちょっとしたことで突然の乱闘が試合中に始まる。

アメリカを建国した父祖たちは、政治理念をめぐる場において激しい論争と競合がくりひろげられることを意図したが、それは国家権力が正しく行使されているかどうかに目を光らせるためであり、特定政党のイデオロギーによって、ほかのおおぜいの人々が必要以上の支配下におかれるのを阻むことが目的だった。

今日、政界における闘争もまた混乱をきわめたものになっている。本来なら重大議案をめぐって丁々発止の論争がくりひろげられてしかるべきはずが、政党間のルールなどまったく無縁の騒々しい口論に堕して、ねらいとされているのは互いにその政敵の圧殺である。政治家たちが争うのも勝利のためであり、みずからの権力をゆるぎのないものにするためにほかならない。政治理念の堅持という目的、あるいは国家の安全と繁栄を図ることなどすっかりなおざりにされている。潜在的攻撃性パーソナリティーの多くが政治の世界に自分の居場所を見出しているのもどうりで不思議ではないはずだ。

私自身、仕事を通してさまざまなカップルや夫婦に出会ったが、いつも仰天してしまうのが、顕在的、潜在的を問わず、攻撃性パーソナリティーがここまではびこっているという事実であり、そして彼らの好戦的な性格がふたりの関係におよぼす破壊的な衝撃のすさまじさである。とりわけ、離婚や子どもの親権問題で係争中の当事者を目の当たりにしたりすると、潜在的攻撃性のまがまがしさに私も困惑を隠せない。

双方でやり合うことといえば、復讐と他罰、そしていかに相手を貶め、破滅に追い込むかだ――当事者はいずれも子どもの幸福という名のもとに双方で争っている――そのことに私はいつも驚いてしまう。多くのケースで、子どもの幸せが真剣に論じられることはないのだ。当事者の一方、あるいは双方が欲しているのは、相手への報復や自分の面子《めんつ》、そしてその正当性であり財産なのだ。そこでは、自分の主張をどこまで押し通すことができるのかがつねに問題とされている。

政界、司法界、実業界、スポーツ界、あるいはごく個人的な関係にいたるまで――今日、生活のあらゆる分野において、この国では良心というものがないがしろにされ、無節操にふるまう闘士だらけの国になってしまったのがうかがえるが、その過程において私たちは、国民だけにとどまらず、この国の社会そのものに対して手痛いダメージを与えつづけてきた。日々くりかえされる闘いの場で生き永らえ、そして繁栄と成功をとげるために人はどのようにして争わなければならないのか、その指針となる原理の回復がかつてないほど求められている。

責任を負うことを学ぶ

社会を節度と規律に勝るものに変えていくのなら、まず子どもに対してそれを教え込んでいくべきだろう。フロイト流の精神分析が主流だったころ、子どもに手を差し伸べて心の健康を保つ支援は、おもに子どもが抱く恐怖心や不安をどのように克服していくかということだった。

だが、最近になって子どものメンタルヘルスの問題は大きく変わった。子どもたちがもっている好戦的な傾向をどのように改善して正しい方向に向かわせるか、好戦性をどのように手なずければいいか、社会的に責任ある生活を送ることに伴う重荷はどのようにして軽減できるのか、その方法を学びとらせることに関連している。

みずから好戦性をどうやって飼い慣らせばいいか、その方法を子どもに教えるのは決して楽な役目ではない。攻撃性パーソナリティーの典型的な特徴を示す子どもが相手なら、私たちが課そうとする社会性の感化には素直にしたがうのを拒むだろう。それだけに、必要とされる自制力を子どもが自分のものとするチャンスを確実にするには、親が人と争うという行為の意味を子どもにきちんと教えておくことが重要になってくる。

第一に、どのような場合に人と闘い、どのような場合にそれが不適切な争いになるかを親は教えなければならない。個人の正当な要求、倫理的価値観、死守すべき情況とはどのような場合か、子どもには明瞭に区別できるようなことではないので、それを教えるにはたいへんな労力が伴うだろう。さらに、肉体的な闘争も含め、相手との闘いが避けられないときがある。自己防衛などはその好例だろう。同様に、闘っても無意味な場合があることも子どもに学ばせなくてはならない。

第二に、子どもが求めるものについて、どうすれば他者と闘うことなくそれを得ることが可能か、親はその方法をきちんと教えたうえで手本を示しておく必要がある。また、闘うことに代わる方法の利点を説き、代替案とは何かを説明したうえで、それを例示しておかなくてはならない。そして、公平で自制心のきいた建設的な闘いと、いたずらに他人と張り合う破壊的な闘いがどのように異なるかを話しておいてほしい。社会と適切にかかわり合っていく一連の技術を子どもに教える際には、親自身、それがどんなものなのか、そしてその正しい方法についてみずからの見識を高めておくことが必要かもしれない。

第三に、「強引に自分の考えを押し通す《アグレッシブネス》」ことと「明確に自己主張をする《アサーティブネス》」のちがいを子どもたちがきちんと理解できるようにしておきたい。そのためには、腕白で生意気、わがままだからという理由で子どもを叱ってはならないだろう。古くからのたとえにあるとおり、子どもを正しくしつけるには、子どもの「気骨をくじくことなくその意志を矯《た》め」なくてはならないのだ。この諺はまだまだ捨てたものではない。

そして、生来の好戦性それ自体は欠点ではないものの、適切な抑制を欠いてしまうときわめて厄介な問題となり、社会的な衝突や失敗を招く原因となってしまうことをきちんと子どもに告げておくのだ。自分の欲望を追求しながら、適切な自制を加えるとはどういうことであり、他人の権利や要求に対して妥当な敬意を払えれば、その結果として個人的あるいは社会的に成功するチャンスが高まっていくことを大人は身をもって教えてほしい。

以上を子どもに教えることに勝るしつけはないだろう。いまこの国の精神科施設は、きわめて重篤なパーソナリティー障害を抱えている若い患者たちであふれんばかりの状態だ。入院に際して、どのような精神疾患と診断されたにせよ、これら若年の患者たちの大部分は、まったく抑制されないまま放置されていた攻撃的な行為を理由にこうした施設に送り込まれてきた。

全米のほとんどの州で実施されている青少年非行防止プログラムも、問題を抱えた若者たちで日々ごったがえしている。このような若者たちにはあからさまな攻撃性が原因で法律に抵触した者がいる一方、潜在的な攻撃性を秘めた者は、あまりにも長きにわたってそれが野放しにされてきた結果、すでに手練れのマニピュレーターに成りおおせている。

それだけに、自分の子どもに対しては、闘いが必要なときとはいつか、闘いに勝る代替の方法とは、そして闘いを避けることができない場合、フェアに相手と対峙してその責任を負うことをきちんと教えておかなくてはならない。この国の若者たちに正しい性格を植えつけるためにそれが必要なら、それを行うのは私たち大人の義務でもあるのだ。

危機に瀕するパーソナリティー

権力への渇望や立身出世、あるいは他人に対して優越な立場に立つこと、誰しもそんな思いを多少は心に抱くものだが、実際にこうした願望を現実のものにするには、社会的な責任を負い、しかも生産的な意図にしたがった手法で必死の努力を重ねていかなければとうてい実現させることはできない。だが、無限のチャンスに恵まれたこの国において、そんな努力など無縁のまま、自分の思いどおりにふるまっているパーソナリティー障害者たちが急増している。

彼らはみずから学ぶこともなく、競争市場においてフェアな闘いを演じることによっておのれの得意とする分野をわがものにする代わり、近所の縄張りの支配権をめぐって似たような連中と取っ組み合うことで満足している。それだけではない。いまある社会体制で望むような成功がかなわなかったため、反体制的な文化を標榜して徒党を組み、崇高な目的に奉じることを隠れみのに、既存の社会制度を標的にして戦闘をしかけようとする人間もいた。

この国は救いようがないほど野放図で、自分勝手なご託を並べる好戦的な人間ばかりの国になってしまった。手を携えて進歩をはぐくみ、ともに栄えるという理念でまとまることなどすでに不可能であるばかりか、誰も彼もみずからの権力と利得を追い求めて混乱をきわめている。かつてあれほどの威儀を誇ったこの国がその威光に陰りをきたした最大の原因は、健全な人格に恵まれた人間が徐々にその姿を消し去っていったからにほかならない。

不穏な傾向が表面化してからすでに数十年がたっている。病的なレベルの神経症患者がほとんど姿を消して、パーソナリティー障害を病む者たちの存在があまりにもあたりまえとなったが、その結果、神経症を病みつつも、社会生活を営むことには問題のない人たちが担っている社会的負担は著しく増えていった。その一方でパーソナリティー障害を抱える者に課された負担は劇的なまでに減っているが、この障害を病む者にはいずれにしろ社会的責任を人に押しつける傾向がうかがえる。

こうした流れがこのままずっと続くようなら、社会の健全性を維持していくことなど、今後は見込めるはずもない。この国ならではの偉大さは、この国に住む市民たちの日々の営みにおいて、みずからの特質を磨いてその維持に努め、そしてどのようにその特質を発揮しているのかによって高めていくことができるのだ。

社会的役割を果たすことがすでに重責であるにもかかわらず、それが過度の負担として感じられるのは、これはもうひとつの気がかりな傾向の当然の結果である。この傾向に関連しているものこそ法律や規定、規則の強化であり、社会はこうした手段によって人々の行動を統制し、機能不全に陥った社会で生じる問題の解決を図ろうとしている。「道徳を法律にすることはできない」という古い言葉がある。あまりにも明々白々だとして無視され、批判もされてきた言葉だが、その意味するところはきわめてあたりまえの真理である。つまり、本人が人格者なら道徳的行動を命じる法律など不要だが、それに反して人格に欠点を抱える人間は、そもそもそんな法律に注意を払うはずもなければ、敬する気持ちももちあわせていない。

研修や診断、治療などを目的に、私は州立刑務所の訪問を定期的につづけているが、刑務所にいたる道の途中、これ見よがしに大きな看板が立っている。看板には「拳銃、ドラッグ、タバコもしくは法律で定める禁制品はこれより先のもちこみを禁止する」と記されているが、看板を目にするたびにこの警告はいったい誰に向けられているのかと私は首をかしげる。

看板に書かれているような不法行為に手を染めようなど、夢にも考えていない思慮分別のある人間に向けての警告なのだろうか。それとも、この刑務所で禁制品をさばいてひと儲けをたくらんでいる輩に対してなのだろうか。ここまで来て看板に気づいた男は、自分のたくらみが禁止されていると知り、まわれ右をしてうなだれながらクルマで引き返していく。そんなようすを思い描いて私はいつもひとり笑っている。

どれだけ法律や命令を制定し、規則を強化しても、まん延する社会悪や危機に瀕したパーソナリティーに対する答えにはなっていない。それどころかこうした対応は、われわれが享受してきた自由を制約するものだ。この国の繁栄の大半は自由であることによってもたらされたのである。さらに言えば、こんな制限を設けたところで、抜け目ない人間は逃れる方法をかならず見つけてしまうものなのだ。モラルにすぐれ、それがきちんと機能する社会とは、その社会に生きる人間の大半が誠実であることの結果にほかならない。

一九六〇年代、社会に貧困をもたらす根本原因を問いただし、それを根絶しようという呼びかけがこの国全体に響き渡った。豊かであるはずのこの国で、人間として必要最低限なものさえ事欠いている現実に人々は激しく憤っているかのようだった。同じように、根底に社会の機能不全が原因となっているにもかかわらず、現在のパーソナリティー危機に対してはかつてのような怒りの声があがってくる気配は感じられず、この問題を正面から見据えようとする真摯な努力もなされようとはしない。

責任ある生き方を選ぶ覚悟

人格形成とは人の一生におよぶ試みで、その過程を通して人はみずから律することを学び、他人に交じって責任ある態度で生きる能力、生産的に働く能力、とりわけ重要な人を愛する能力をはぐくんでいく。

前出のスコット・ペックは、愛とは単なる感情ではなく、心がなせる技、ある心の状態なのだと指摘する。それはある営みであり、[*28]正確に言うのなら、『マタイ伝』が「主を愛せよ」「隣人を自分のように愛せよ」というふたつの戒めとして、われわれにそうであれと奨励する生き方にほかならないのだ。

以上を念頭においたうえで私は、人を愛し、責任をもった生き方に必要な性格はどのようにしてはぐくむことができるのかその指針を提案したい。

人というものは、生まれながらの能力に縛られ、育てられた境遇にとらわれた状態で自分の一生を始めるようなものなのかもしれない。しかし、生まれ落ちた環境の〝犠牲者〟のまま生涯を過ごすことは人にできるものではない。やがて時いたれば、人という人はみな自分自身に直面しなくてはならないのだ。自分が何者であるかを知り、その強さ、弱さを掛け値なしで判断し、みずからの根源に横たわる本能や性向を真に支配する力をわがものとするのは、人生におけるもっとも崇高な挑戦でもある。

しかし、突き詰めていくと、誠実で真に価値ある人生へと高めていくには、自分という存在をあますところなく覚醒させることによってしかなしとげることができない。そのためには他者を知るようにみずからを理解しなくてはならず、おのれをあざむいて、あるがままの自分を拒むことはできない。ただ誠実にみずからと向き合い、自分の性格をすべての点から丹念に調べ尽くさなくてはならないのだ。そうすることによってはじめて人は、みずからを律するという重荷を思いのままに担うことができるようになるのだから、それは他者のためであるのと同時に自分自身のための行いでもある。

重荷を担うかどうかは本人にゆだねられているが、この重荷こそ愛を定める〝十字架〟にほかならない。そして、この十字架を担って生涯をすごし、さらに高次な存在へと続く死の扉へと導くものこそ、ひとりの人間としての自発的な意志であり責任なのである。

改訂版刊行によせて

一九九六年の刊行以来、私のもとには文字どおり数え切れないほどの電話や手紙、電子メールが寄せられつづけている。関係しているワークショップでは、人間行動に関する新たな見識にふれ、それにしたがって見直しただけだというのに、これまでの生活が一変したという証言や意見を数多くの方々からうかがうことができた。

こうした方たちが一様に口にするのは、人間の問題行動について、これまで語りつづけられた神話を捨て、まったく異なる光のもとで改めてこの問題に向き合えば、自分の本能が訴えつづけていたことこそまぎれもない事実であり、やはり自分は正しかったと納得したというのだ。

じつは、研修セミナーに参加しているメンタルヘルスの専門家たちのあいだでも同様のことが起きている。なぜ患者はこんな行動におよんでしまうのか、それについて旧来の考え方を改めるだけで、患者はもちろん、患者にとってかけがえのない者に対しても確実に救いの手を差し伸べることができる。

本書の初版刊行に先だち、私は十年以上にわたってワークショップの活動にかかわってきた。当時、パーソナリティー障害に関して、この現象をどのように理解し、どのように対処しなくてはならないのかという新しい知見の必要性は、スタントン・セイムナウ、サミュエル・ヨッセルソン、ロバート・ヘアなど、ごく限られた専門家や研究者のあいだでしか認められていなかった。

現在、専門家たちが認知行動療法と呼ぶ心理療法はまだ研究の途についたばかりだったが、パーソナリティー障害に関する当時の研究は刺激に満ち、私自身、この理論のおかげで自分の所見の正しさを明らかにすることができた。いまでは、ますます多くの専門家たちがパーソナリティー障害の問題を認めるようになり、認知行動療法にもとづいて診断をくだして患者の治療に当たっている。

私たちが生きているこの時代は、古典的な精神分析理論や性格論の発展期とはまったく異なる時代だ。かつてのように病的なほどの深刻な神経症を病む患者を目にすることはまれになったが、その一方で、性格行動において見過ごすことのできないレベルの問題を抱えた人たちをいたるところで目にするようになった。この問題は広く知らしめなくてはならない、社会にまん延する問題なのだ。

私自身、この一五年をふりかえれば、あらゆるタイプのパーソナリティー障害と遭遇する機会が急増し、それとともに研究成果は増えつづけている。そのため、今回の改訂版では、パーソナリティー障害がもたらす問題について全体にさらに詳しい説明を加え、よくある神経症とパーソナリティー障害を分かつ領域に関する説明も書き加えた。

派手なセールスとは無縁のこの小冊をベストセラーに押し上げ、初版以来一五年におよぶご支持を得ているのは、本書をお読みいただいた方々の好意ある口コミのおかげであり、そのご支援に心からの感謝を申し上げたい。それだけに、人生において遭遇するかもしれないマニピュレーターについて、どのように理解して対応すればいいのか、そのために必要な知識と手段を本書があますところなくお伝えしていることを心から願ってやまない。

二〇一〇年一月　ジョージ・K・サイモン

参考文献

1. Storr, A.,Human Destructiveness,（Ballantine,1991）, pp.7-17.
2. Storr, A.,Human Destructiveness,（Ballantine,1991）, p.21.
3. Ader, A.,Understanding Human Nature,（Fawcett World Library, 1954）, p.178.
4. Jung,C.G.,1953 Millon, Collected Works of , Vol.7,p25.H.Read,M.Fordham and G. Adler, eds. New York: Pantheon.
5. Millon, T. Disorder of Personality,（Wily-Interscience, 1981）, p.4.
6. Torrey, F., Freudian Fraud,（Harper Collins, 1992）, p.257.
7. Millon, T. Disorder of Personality,（Wily-Interscience, 1981）, p.4.
8. Millon, T. Disorder of Personality,（Wily-Interscience, 1981）, p.4.
9. Millon, T. Disorder of Personality,（Wily-Interscience, 1981）, p.6.
10. Millon, T. Disorder of Personality,（Wily-Interscience, 1981）, p.91.
11. Peck,M.S., The Road Less Traveled,（Simon & Schuster, 1978）, pp.35-36.
『愛すること、生きること 全訳「愛と心理療法」』（M・スコット・ペック著 氏原寛・矢野隆子訳 創元社 二〇一〇年）

12. Peck,M.S., The Road Less Traveled,（Simon & Schuster, 1978）, pp.35-36.
13. Jung,C.G.,1953 Collected Works of , Vol.14, p.168. H. Read, M. Fordham and G. Adler, eds. New York: Pantheon.
14. Millon, T. Modern Psychopathology,（W. B.Saunders, 1969）, p.261.
15. Millon, T. Disorder of Personality,（Wily-Interscience, 1981）, p.91.
16. Millon, T. Disorder of Personality,（Wily-Interscience, 1981）, p.182.
17. Keegan, D., Sinha, B. N., Merriman, J. E., & Shipley, C. Type A Behavior Pattern. Canadian Journal of Psychiatry, 1979, 24 724-730.
18. Samenow, S. Inside the Criminal Mind,（Random House, 1984）.
『騙しも盗みも悪くないと思っている人たち』（スタントン・E・セイムナウ著 石山鈴子訳 講談社 一九九九年）
19. Millon, T. Modern Psychopathology,（W. B.Saunders, 1969）, p.260.
20. Bursten, B. The Manipulative Personality, Archives of General Psychiatry, 1972, p.318.
21. Millon, T. Modern Psychopathology,（W. B.Saunders, 1969）, p.287.
22. Wetzler, S. Living with the Passive-Aggressive Man,（Simon & Schuster, 1983）.
『愛するのが怖い』（スコット・ウェッツラー著 秋元康監修 メディアファクトリー 一九九三年）
23. Peck,M.S., People of the Lie,（Simon & Schuster, 1983）.
『平気でうそをつく人たち 虚偽と邪悪の心理学』（M・スコット・ペック著 森英明訳 草思社文庫 二〇一一年）

24. Meloy, Reid. The Psychopathic Personality. Presentation at Spring Conference, Arkansas Psychological Association.
25. Peck,M.S., People of the Lie, (Simon & Schuster, 1983), p.66.
26. Peele, S., Diseasing of America, (Lexintong Books, 1989).
27. Beale, L. & Fields, R. The Win-Win Way, Harcourt Brace Jovanovich, 1987, pp.10-13.
28. Peck,M.S., The Road Less Traveled, (Simon & Schuster, 1978), pp.116-118.

訳者あとがき

人格障害の時代を背景に、本書にも登場する「マニピュレーター」という用語を耳にする機会が増えている。いわゆるモラハラ（モラルハラスメント）と呼ばれる言葉や挙動による嫌がらせ、あるいは相手の心に向けられた見えない暴力の背後には、「人を支配する者」「人の心を操作する者」たちの暗い思惑が潜んでいるといわれる。

ただ、マニピュレーターというこの言葉、日本では限られた場面で使われるケースがほとんどのようだが、英語圏の世界では、その形容詞形 *manipulative*（マニピュレーティブ）とともに、新聞や雑誌で比較的よく目にする単語だ。辞書をのぞいても、「相手をたくみにあざむき、自分の意のままにする人」という定義を第一義に掲載するものが多く、想像する以上に頻繁に使われている言葉であることがうかがえる。

二〇一一年秋になくなったアップル社の共同創業者、スティーブ・ジョブズもマニピュレーティブと形容されたひとりだった。希代のビジョナリー、カリスマ経営者、理想の上司という賞賛をほしいままにする一方、苛烈な性格を示すエピソードには事欠かず、腹心の部下が〝現実歪曲空間〟とたとえるなど、周囲の人間をその強烈な引力圏に引き込み、不可能と思える目的の実現に駆り立てていった。言葉を操る才能にもすぐれ、相手の心をとろかす魔法の言葉を口にしたが、人を心底震え上がらせる罵倒の言葉にもよどみはなかった。

ただ、ジョブズの場合、自分が秘めている過剰なエネルギーは自覚していた。一九九五年四月のロングインタビューでは、珍しく幼少時代についてふれ、奔放だった小学生のころ、敬愛する教師との出会いがなければ自分は生まれついての気質に翻弄され、まちがいなく鉄格子の向こう側にいたと述懐している（そう語ったインタビューの中盤、自分を追放した旧経営陣について話がおよぶと、ジョブズ一流の容赦のない批判と罵詈雑言が炸裂する）。

さて本書は、ジョブズのような明らか（顕在的）にアグレッシブだとわかるタイプとは異なり、攻撃意図を秘匿して（潜在的）、ひそかに相手の支配をたくらむ者について、その正体と対処法を紹介したものだ。原書はアメリカの臨床心理学者ジョージ・サイモン博士の*In Sheep's Clothing : Understanding and Dealing with Manipulative People*で、初版は一九九六年に発行された。長く読み続けられている本だが、このたびの邦訳は、パーソナリティー障害についてさらに加筆された二〇一〇年の改訂版を全訳したものである。

原題は、聖書の『マタイ伝』の第七章「偽預言者に心せよ。羊のよそおいして来たれども、内は奪いかすむる豺狼《おおかみ》なり」に由来する。日本には「猫をかぶる」という、原題と似たような意味の動物モチーフの寓意があるが、猫はやはり猫にすぎない。オオカミのようなするどい牙や爪もなければ、自分の気配を押し殺す狡猾な知恵にも乏しい。ヒツジの温厚を装うオオカミは、その魅力で獲物をひきよせ、さりげない攻撃をくりかえして相手をいつしか好きなように支配している。たびかさなる攻撃を受けていても、自責と自罰の思いで苦しむのは加害者ではなく、どういうわけか被害者自身のほうなのである。

博士は、加害者に見られる特有の人格を「潜在的攻撃性パーソナリティー」と呼び、対人の支配や操作をめぐるトラブルの多くにこの人格の持ち主がかかわっていると指摘する。サイコパスやソシオパスほどのまがまがしさではないが、日常生活で出会う危険性ははるかに高い。攻撃は執拗でダメージも深刻だが、加害者はその罪を負うことから逃げおおせている。

原書はアメリカですでに二五万人以上の人たちに読みつがれ、ドイツ語版、ハングル版も刊行されている。こうした支持の広がりこそ、マニピュレーターがもたらす被害の広範さを物語るものであり、この問題が国民性や文化のちがいを超えた、きわめて今日的な課題なのだと考えさせずにはおかない。それだけに、ご一読いただければ、このような人格をかかえた人たちの正体を見抜く方法や対応策について得るものも多いのではないだろうか。

原書や各国版の表紙では、いずれも白いヒツジの毛皮をまとう黒いオオカミの絵があしらわれている。邦訳の刊行にあたっては、キリスト教の世界観が希薄なこと、またマニピュレーターが意味する点をストレートに伝えることを目的にタイトルと装幀は変えている。

最後になりましたが、いまこのような時代を迎え、本書の刊行を快諾していただいた草思社取締役編集部長の藤田博さんにあらためてお礼を申し上げます。

二〇一四年九月

訳　者

＊本書は、二〇一三年に当社より刊行した『あなたの心を操る隣人たち』を改題し文庫化したものです。

草思社文庫

他人を支配したがる人たち

2014年10月8日　第1刷発行
2024年12月5日　第14刷発行

著　者　ジョージ・サイモン
訳　者　秋山　勝
発行者　碇　高明
発行所　株式会社 草思社
〒160-0022　東京都新宿区新宿1-10-1
電話　03(4580)7680(編集)
　　　03(4580)7676(営業)
　　　http://www.soshisha.com/
組　版　有限会社 一企画
印刷所　中央精版印刷 株式会社
製本所　中央精版印刷 株式会社
本体表紙デザイン　間村俊一

ISBN978-4-7942-2083-7　Printed in Japan

草思社文庫既刊

M・スコット・ペック　森 英明＝訳

平気でうそをつく人たち

虚偽と邪悪の心理学

自分の非を絶対に認めず、自己正当化のためにうそをついて周囲を傷つける「邪悪な人」の心理とは？ 個人から集団まで、人間の「悪」というものを科学的に究明したベストセラー作品。

マーサ・スタウト　木村博江＝訳

良心をもたない人たち

25人に1人いる〝良心をもたない人たち〟。彼らは一見魅力的で感じがいいが、平然と嘘をつき、同情を誘い、追いつめられると逆ギレする。身近にいるサイコパスをどう見抜き、対処するかを説く。

サンディ・ホチキス　江口泰子＝訳

結局、自分のことしか考えない人たち

自己愛人間への対応術

他者を犠牲にして自分を守ろうとする自己愛人間の心理構造を解き明かし、その毒から身を守るための四つの戦略を紹介。その理不尽な言動に振り回され、傷つけられ、人知れず苦しんでいる人の必読書。

草思社文庫既刊

西多昌規

自分の「異常性」に気づかない人たち

病識と否認の心理

強すぎる被害妄想、執拗な他者攻撃、異様なハイテンション、他人を振り回す……。精神科医が出会った自分の異常性についての「病識なき人たち」のケースを通じて、その心の病理と対処法を提示する。

エドワード・ブルモア　藤井良江＝訳

「うつ」は炎症で起きる

うつ病は「心」だけのせいでなく、身体にもその原因があるのではないか？　長年、治療法に進展のなかった病に、免疫に着目したアプローチが起こしつつある革命を、世界的権威がわかりやすく解説。

山口　創

手の治癒力

ふれる、なでる、さする——手の力で人はよみがえる。自分の体にふれ、他人とふれあうことが心身を健康へと導く。医療の原点である「手当て」の驚くべき有効性を最新の科学知見をもとに明らかにする。